目錄

深山中的一盞明燈

夢參老和尚生於西元一九一五年，中國黑龍江省開通縣人。年少輕狂，個性機靈、特立獨行，年僅十三歲便踏入社會，加入東北講武堂軍校，自此展開浪漫又傳奇的修行生涯。

隨著九一八事變，東北講武堂退至北京，講武堂併入黃埔軍校第八期，但他未去學校，轉而出家。

他之所以發心出家是因為曾在作夢中夢見自己墜入大海，有一位老太太以小船救離困境。這位老太太向他指示兩條路，其中一條路是前往一棟宮殿般的地方，說這是他一生的歸宿。醒後，經過詢問，夢中的宮殿境界就是上房山的下院，遂於一九三一年，前往北京近郊上房山兜率寺，依止修林和尚出家；惟修林和尚的小廟位於海淀藥王廟，就在藥王廟剃度落髮，法名為「覺醒」。但是他認為自己沒有覺也沒有醒，再加上是作夢的因緣出家，便給自己取名為「夢參」。

當時年僅十六歲的夢參法師，得知北京拈花寺將舉辦三壇大戒，遂前往依止全朗和尚受具足戒。受戒後，又因作夢因緣，催促他南下九華山朝山，正適逢六十年舉行一次的開啓地藏菩薩肉身塔法會，當時並不為意，此次的參訪地藏菩薩肉身，卻為他日後平反出獄，全面弘揚《地藏三經》法門，種下深遠的因緣。

在九華山這段期間，他看到慈舟老法師在鼓山開辦法界學苑的招生簡章，遂於一九三二年到鼓山湧泉寺，入法界學苑，依止慈舟老法師學習《華嚴經》與戒律。

鼓山學習《華嚴經》的期間，在慈舟老法師的親自指點下，日夜禮拜〈普賢行願品〉，開啓宿世學習經論的智慧；又在慈老的教導下，年僅二十歲便以代座講課的機緣，逐步成長為獨當一面，口若懸河，暢演《彌陀經》等大小經論的法師。

法界學苑是由虛雲老和尚創辦的，經歷五年時間停辦。學習《華嚴經》圓滿之後，夢參法師又轉往青島湛山寺，向倓虛老法師學習天臺四教。

在青島湛山寺期間，他擔任湛山寺書記，經常銜命負責涉外事務。曾赴廈門迎請弘一老法師赴湛山，講述「隨機羯磨」，並做弘老的外護侍者，護持弘老生活起居半年。弘一老法師除親贈手書的〈淨行品〉，並囑托他弘揚《地藏三經》。

當時中國內憂外患日益加劇，日本關東軍逐步佔領華北地區，在北京期間，以善巧方便智慧，掩護許多國共兩黨的抗日份子幸免於難。一九四〇年，終因遭人檢舉被日軍追捕，遂喬裝雍和宮喇嘛的侍者身份離開北京，轉往上海、香港；並獲得香港方養秋居士的鼎力資助，順利經由印度，前往西藏色拉寺依止夏巴仁波切，學習黃教菩提道修法次第。

在西藏拉薩修學五年，藏傳法名為「滾卻圖登」；由於當時西藏政局產生重大變化，排除漢人、漢僧風潮日起，遂前往青海、西康等地遊歷。一九四九年底，在夏巴仁波切與夢境的催促下離開藏區。

此時中國內戰結束，國民黨退守台灣，中華人民共和國在北京宣布成立。一九五〇年元月，正值青壯年的夢參法師，在四川甘孜時因不願意放棄僧人身份，不願意進藏參與工作，雖經過二年學習依舊不願意還俗，遂被捕入獄；又因在獄中宣傳佛法，被以反革命之名判刑十五年、勞動改造十八年，自此「夢參」的名字隱退了，被獄中各種的代號所替換。

他雖然入獄三十三年，卻也避開了三反五反、文革等動亂，並看盡真實的人性，將深奧佛法與具體的生活智慧結合起來；為日後出獄弘法，形成了一套獨具魅力的弘法語言與修行風格。

時年六十九歲，中央落實宗教政策，於一九八二年平反出獄，自四川返回北京落户，任教於北京中國佛學院；並以講師身份講述〈四分律〉，踏出重新弘法的第一步。夢老希望以未來三十三年的時間，補足這段失落的歲月。

因妙湛等舊友出任廈門南普陀寺方丈，遂於一九八四年受邀恢復閩南佛學院，並擔任教務長一職。一方面培育新一代的僧人，一方面開講《華嚴經》，講至〈離世間品〉便因萬佛城宣化老和尚的邀請前往美國，中止了《華嚴經》的課程。

自此在美國、加拿大、紐西蘭、新加坡、香港、臺灣等地區弘法的夢老，開始弘揚世所罕聞的《地藏三經》：《占察善惡業報經》、《地藏經》、《地藏十輪經》與〈華嚴三品〉，終因契合時機，法緣日益鼎盛。

夢老在海外弘法十五年，廣開皈依、剃度因緣，滿各地三寶弟子的願心。夢老所剃度的弟子，遍及中國大陸、臺灣、香港、加拿大、美國等地區。他並承通願法師之遺願囑託，鼎力掖助她的弟子，興建女眾戒律道場；同時，順利恢復雁蕩山能仁寺。

年屆九十，也是落葉歸根的時候了，夢老在五臺山度過九十大壽，並勉力克服身心環境的障礙，在普壽寺開講《大方廣佛華嚴經》（八十華嚴），共五百餘座圓滿，了卻多年來的心願。這其間，又應各地皈依弟子之請求，陸續開講〈大乘起信論〉、《大乘大集地藏十輪經》、《法華經》、《楞嚴經》等大乘經論。

夢老在五台山靜修、說法開示，雖已百歲高齡，除耳疾等色身問題外，依舊聲如洪鐘，法音攝受人心；在這期間，除非身體違和等特殊情形，還是維持長久以來定時定量的個人日課，儼然成為深山中的一盞明燈，常時照耀加被幽冥眾生。

二〇一七年十一月二十七日（農曆丁酉年十月初十申時），圓寂於五台山真容寺，享年一〇三歲。十二月三日午時，在五台山碧山寺塔林化身窯荼毗。

夢參老和尚出家八十七載，一本雲遊僧道風，隨緣度眾，無任何傳法舉措，未興建個人專屬道場。曾親筆書寫「童貞入道、白首窮經」八字，為一生的求法修行，作了平凡的註腳。

公元二〇一八年　方廣編輯部修訂

序

本書定名為「正念」，取自《華嚴經》〈梵行品〉的正念天子，藉此權表夢參老和尚隨機說法的空性智慧與大願悲心。

這些年來，老和尚在五台山圓滿開講《華嚴經》等大乘經論，精神轉為深沉厚重，弘法時聲如洪鐘、底氣十足，往往令聞法者激動欲泣，又能在一股凝重的歷史意識當中，萃煉出清明的學佛信心。

為此，我們彙整老和尚九十歲後在海內外各地的隨機講話。文稿內容，由短至長、由淺入深，由世間的事法至出世間的理法，最後總結為深具個人風格的修行法門，勾勒出老和尚出家八十年的弘法身影與講法境界。

方廣編輯部謹誌

正念

夢參老和尚開示錄 第四集

我在哪裡？

二〇一〇年 台北華梵大學

因緣所生法 我說即是空

一切諸法是因緣生起的。因緣能生諸法，因緣也能滅諸法，諸法的生滅都是因緣。一切諸法建立在什麼上？空。所以我們說出家是成爲空門，所謂「進入佛教，遁入空門」，一般是這樣說的。

空門空不空？空門不空，因爲空門不空而建立一切法。這一切法是什麼？世間相。過去有一句偈子，「因緣所生法，我說即是空，亦爲是假名，亦是中道義」。一切法，它的眞理就是中道。眞理之外就是假名，假名必有實體，像我們每人的名字就代表你的實體。

佛教所說的世間相，生住異滅，所有世間相都不離開生住異滅。每個人、每個世界所屬的，除了人類之外，不論山河、大地、動植物，一切全是生滅法，不是常住的。這個教我們如何認識？要念無常。一切諸法無常，也就是生滅無常。

我們人生在生滅無常當中，短短的，給我們的時間很少。有的道友說我的壽命很長，九十六歲了，但我自己感覺這幾十年，一晃時間很短，沒有感覺很長。因此，時間是沒有一定的標準。

當我們煩惱、愁苦的時候，例如我住在監獄裡頭，感覺時間很長，度日如年，一天比一年還長。所以時間是沒有一定的定體，是依法上而立的，這法是什麼法？心法。

有限的生命　無限的學習

道友們不要認爲你們還很年輕，時間還很長。時間是很短暫的，不長。所以，有限的生命，無限的學習。你的學習是沒有限制的，我們知道的太少了，不但佛法你不知道，世間相你也知道不太多。因此我大概簡單的介紹一下，什麼叫佛法。

什麼叫佛法？

佛在印度話叫「佛陀耶」，我們沒說全；印度話說全了叫「佛陀耶」。「佛陀耶」翻成華言是覺悟的覺、知覺的覺、感覺的覺，就是覺悟的方法。因為我們一切不明白，不明白就是沒有覺悟。你不明白什麼？不明白一切生滅法，這個世界怎麼構造的，你明白嗎？

昨天聽廣播上說「沙塵暴」，風沙怎麼來的？風從何地方起的？這沙塵暴怎麼產生的？當然我們拿科學方法講是地理、水土產生的。在我們佛教講，就是生滅法。講因緣，一切諸法是緣生的，緣生起的諸法沒有一定體性，緣生諸法無體性。

若找風、水、地的生起，我們不見得完全清楚，科學所說的也不見得究竟。在佛教說，萬法從心生，心生起、心生滅。一切諸法的生滅，「心生則種種法生、心滅則種種法滅」，這個道理恐怕大家還得深入研究、學習。

爲什麼說「心生種種法生、心滅種種法滅？」假使說這個人沒有知識、沒有文化，什麼也不知道、什麼法也沒有。我曾經到過西藏邊陲有一個地區，那地方沒有人，什麼文化也沒有，爲什麼到那地方去？別人跟我介紹說有一個老人，是乾隆皇帝那時候出生的，到現在還活著。我感覺很好奇，我去西藏也是因爲好奇心生起的。

那地方是沒有人煙的，我就不遠千里，找幾個同伴去找那個老人。找到了，問他：「現在拉薩是第幾代達賴？」他回答說：「不知道。」問他任何事物，一律不知道。我跟同去的人說：「這個人活著有什麼意思！」儘管他年齡很大，他與畜生有什麼差別？甚至連拉薩第幾代達賴都不知道。問他的年齡好大？「不知道。」問他一切，只有三個字：「不知道」。

人生得有識　知識才產生力量

這樣的生存沒必要，那跟木頭、石頭有什麼差別？人生得有識，識就是知識，有知識才產生力量，知識就是力量。

像我們大學同學，你到大學當然跟一般的小學、中學知識不同。因爲有知識才能了解一切。但是你能了解世界是怎麼構造的、世界毀滅是怎麼毀滅的？要了解這些世界成住壞空，怎麼成長的？怎麼消失的？要知道成住壞空，生住異滅。

在佛教說，我們現在是在成住壞空當中壞的時間，成住壞空的時間很長，要一個大劫。成二十小劫、住二十小劫、壞二十小劫、空二十小劫，之後完全消滅掉，沒有了。但是在我們生存當中，我們要知道，知識就是力量，要有知識。世界怎麼生起的、世界怎麼消滅的，人類的成長、世界的成長，這些在我們佛教上講的很詳細。成住壞空，生住異滅。最初是生，生完了滅，滅完了又再生，就這麼不停的生住異滅，永遠相續。

你說空的，它不空，不是斷滅的；說不空，到空寂的時候什麼都沒有了。不但人類沒有，山河大地一切都沒有。之後才漸漸的形成，這叫成住壞空。成二十劫、住二十劫、壞二十劫、空二十劫，佛教是這樣來講一切事物的成長、一切事物的消失。但我們人類在這個中間，永遠不消滅。這個壞劫壞就壞了，二十成劫又來了，來了又來了，永遠輪轉不息。

我們有些知識是過去的，不是現在的。有些人今生他沒經過怎麼的學習，他什麼都知道。這就是他帶著前生、前生的前生，無量生，所以說人不是斷滅的。

身心分離　我的不是我

講到這個問題我跟大家講，你這個肉體，不是你的精神，你的心跟肉體，是兩回事情。我們每個人說話，「我的耳朵」、「我的鼻子」，乃至「我的腦殼」、「我的身體」，「我的」不是「我」，想過嗎？「我的桌子」、「我的板凳」，那是「我的」，是物質的。說我的身體是物質的，誰知道你的身體、你的心？心也不是你這個肉團心，我們的肉團心之外還有個眞心，這肉團心是識不是心。

在佛教分析起來講，眼識、耳識、鼻識、舌識、身識、意識，這前六識沒有作用，必須得假根，眼根、耳根、鼻根、舌根、身根、意根。之後對外頭的色聲香味觸法，這十八樣結合起來才產生作用。外頭所有的色相，你的眼根對到外頭色相，一點不分別，中間有個識，根對塵的識來分別，這叫十八界。還有一個是根本識。這學起來很長，我只簡單跟大家介紹一下。

佛法所說的義理，非常淵博、非常深刻，不是我們這裡所說到的一點兒。世界怎麼成就的？地水火風，每一個都要經過二十劫的成長，經過二十劫的消滅，成住壞空。每一個經過二十劫，成二十劫、住二十劫、壞二十劫、空二十劫，都是這麼循環輪轉，永遠不停歇的，人在其中是很渺小的。

所以我剛才跟大家講，我們有一個不變、不壞的心，這不是肉團的心，而是心體的心。成佛就是成就你的心，心即是佛，是這樣說的，不是指肉團心說的。

任何人都有夢。你的夢能夠知道過去生，還有夢到未來生，三生，經常在夢中現。我們知道夢中不是現實，我們形容夢幻，夢中都是假的，但是它現的很現實。我說這個現實也是假的，「一切有爲法，如夢幻泡影」，這不是我三兩句話就能跟大家說清楚，我簡單介紹一下。

佛者，印度話「佛陀耶」；翻華言就是「覺悟」。等你覺悟了，了解這些事物的成長，了解一切事物的根源，你才能了解你的心。

和尚修什麼　修明心

學佛的人講「明心見性」。我們和尚修什麼？修明心。見到自己的本體，身體不是我，只是一個作用而已。我們每個人說話，我的身體，沒有一個人說：「我身」，有這樣說話的嗎？沒有，中間得加個介詞，「我的身體」，「我的身體」不是「我」，只是「我的」。

如果眼睛沒有了，我還在嗎？或是整個身體沒有了，我還在，再找個身體，還去輪轉去吧！我的不是我，這得要大家參一參！我們和尚不是講參禪參禪嗎？就這樣參「我在哪裡？」

我在哪裡？

我給大家講個故事作爲結束。以前在終南山，兩個老和尚修行，一位住了二十多年，感覺沒得道，不修了，下山參學參學去；另一個道友跟他說：「現在你修的差不多，不要離開，很快就成就了。」這位道友不聽他的，就從終南山下來。

離開終南山，走到陝西潼關。他走到鄉村住到一間店裡，住到店裡和尚習慣一坐下來、兩個腿一盤，就休息去了。這一盤就入定了。店老闆看這和尚怎麼搞的，一天也不吃不喝，又隔一天，他還是如是；到第三天，店老闆忍不住了，到他那兒看他有氣還是沒氣。一看沒氣了，就把他給燒了。因爲他佔著一間房間，那和尚找誰去？他又沒有家眷，也沒有什麼人來接應他。

這一燒，惹了禍，天天晚上鬧：「我在哪裡？我在哪裡？」那這店誰還敢住，一到夜間鬧鬼。睡也睡不著，他就喊：「我在哪裡？」

山上的道友知道他已經遇難，肉身已經沒有了，就下山來度他。循著他走的路線到了這間店裡，問店老闆說：「先前有位和尚在你這兒住，你給燒了是不是？」

「是呀！他死了，那和尚我找誰去？我就把他給燒了。」

「燒了之後是不是出麻煩了？」

「燒了之後他天天來鬧，說：『我在哪裡？』這店就沒人敢住，鬧鬼了。」

完了這個和尚跟他說：「那我把這個鬼給你收了，好不好？」老闆當然高興了，「這店我又可以開了。」

和尚說：「但是你給我準備兩樣東西，一個大缸，大缸裡裝滿水，再找些木材，到晚上你用大火把木材點著；行了！你就不要管了。」然後，這和尚就坐在這裡等著。

一到夜間，鬼又來了說：「我在哪裡？我在哪裡？」他告訴鬼：「你在水缸裡。」鬼到水缸裡找，說：「沒有，水缸裡哪有我呀。」他告訴鬼：「在火堆裡。」鬼又到火堆裡去找，說：「火堆裡也沒有。」他告訴鬼：「你入水不淹，到水裡頭淹不死你；入火不焚，到火裡燒不到你，你要『我』做什麼？」

這個鬼就開悟了，哈哈大笑：「我現在眞正明白了。」這一明白，鬼也不鬧了，故事也結束了，大家去參去吧！

辦慈善事業　必須眞情實意

二〇〇九年　上海復旦大學

道不虛行　要把修行貢獻出來

今天能跟大家見面，因緣非常的特殊。本來我是二一六號（二〇〇九年十二月）到大學演講的，不是講這一部分。今天我跟大家結緣，這是我意想不到的。在山裏行道，看著是假的，實際上一點也不假。到了人多的地方，他就實現了。這就是「道不虛行」。像出家人在山裡修行是一個人修行，修行有所得，要貢獻給大家。到了人多的地方，就有人要求你，把你的修行貢獻出來。這叫「道不虛行」。

在座有很多的朋友，不見得都是學佛的，也許以前沒有聞過佛法，也有一些是深入的。什麼叫佛？佛一開始叫「佛陀耶」，到了中國，就把「陀耶」去掉，變成了「佛」了。其實佛陀翻譯成中文的話，就是覺明。當你覺悟了，明白了，你就是佛。覺悟什麼？明白什麼呢？爲什麼這個世界上壽命有長有短，在世界上有窮有富？有一些人是在復旦大學讀書，是高級知識份子，有一些人在農村沒有讀書過，知識是不平等的。

人原本應該是平等的，人人都可以學習，這個道理我想大家都明白。本來是平等的，但是實際上有貧、有富、有貴、有賤，爲什麼會出現這些差別？這就是佛教說的因緣。再說明白一點就是他沒有這個善根，所以接觸不到。現在每一位道友，你今生所受就是前生所做的；你今生所做的是因，又得到未來的果，就這樣的因果相續。

我知道很多道友都是做貿易的，在經濟上有所成就。成就了又如何呢？並不是說做貿易就賺錢，也有失敗的，也有賠的。在你經營一些事業的時候，有成有敗。在你學習知識的時候，有深有廣。但是一些世間上的知識是有限的，處事之間的文化是無限的。我們這些和尚、出家人，他所學的文化是無限的，大家沒有學習過，不能理解。

講經是前生修來的

我今年九十六歲了，從十六歲出家，沒有讀過小學，但是我十九、二十歲開始講經，以後就一直做法師。這個差別從哪裡來？沒有差別，是前生的因、今生的果。這是我前生修來的，前前生、無量生修來的，你前生沒有修過，今生就不行了。

因果相續不斷

佛教不講斷滅，說我們人死了！你死不了的，永遠死不了，這叫相續。你過去所做的善也好、惡也好，你所累積的財富，來生還可以繼續享受。有的做貿易一做就發財，有的一做就賠。爲什麼？這就是我們佛教講的，過去的福報、過去的因。佛教是講相續不斷的，你今生所受的是前生所做的，你要問你未來如何，你今生做的，未來要受。說我們欠人家錢，你無論走到那裏都要還。下一輩子人家當主人，你給人家打工，還是要還。這就是佛所說的因果論。你前生的因今生受果，你不要抱怨，這叫因果循環。

有的人看起來一生很幸福，有的人一生磕磕絆絆，生活非常困難，坎坎坷坷。如果身體經常害病，不一定是現生的業。你前生所做的殺業重，今生就會經常害病。像愛吃海鮮，殺業就很重；你斷了畜生的生命，今生的壽命也不長。如果你沒殺過生，壽命一定長。這就是佛教講的因果論。什麼因、結什麼果，你種桃子絕對不會結出梨來。雖說現在有的是嫁接，但是這需要科學手段，你沒有這個手段，就改變不了。

如果信佛了，就讓你改變了人生。這是可以改變的，把過去的業消了，就等於你今生還債了。但並不是說你信佛，就把業消了，信了以後你還要做。知道前面的念頭不對，馬上停下來，這樣的話，你遇到的事情就可以轉變。假使知道自己的思想不對頭，然後進行了改變，對我們佛教來說，這才算是有信心。

信佛是有條件的，並不是燒香拜佛就算是信佛了。要從心裏信才算。能夠知道自己前面錯了，然後進行改變，這算是信佛，入門了。也就是覺得前念不對、後念能改正，這叫有信心。

修這個信心得修多長時間呢？你看每一個出家人，他不是今生才發心的，而是多少生的。在我們出家道友之間有一些人智慧很大，一學就會，有一些人學十年、學二十年還學不成。為什麼？前生沒有這個因。我們有很多道友做貿易，有一些做貿易順順利利達到目標，達到什麼目的呢？發財。有一些人做生意一樣的做，你做就賠，人家做就賺。什麼原因？都不是現生的。

多做好事　莫問前程

所以看到人家富貴，不要羨慕，多做好事，莫問前程。他的富貴不是現生的，而是前生修來的。發財了之後，用他的財來幫助別人，來生才受這個報。你一生作任何事業都成功，就說明你的前生善業很重。

佛教一切都講因緣，就是三世因緣，過去、現在、未來，而我們出家人是看十世的因緣，因緣本身就是因果。善有善報，惡有惡報，若是不報，時候未到，到時候自然就報了。

暴發户是靠不住的　就看你用不用心

有很多資本家，到第二代就窮的什麼都沒有了。我在北京看的多了。有的等不到第二代，自身當中就發生了變化。爲什麼？你了解了解他的行爲，了解他的歷史就明白了。山西有一家搞貿易的，從來不取高利也不做大買賣，柴米油鹽醬醋茶，只占一分利。他的生意從宋朝到現在了，一千多年相續不斷。經過多少次災難，他們家從來沒有受過損失，這叫積德。暴發戶是靠不住的，就看你用不用心。

發長遠心布施　源遠流長

佛教有一部經叫《大方廣佛華嚴經》，共有八十卷經文，當中有一段經文是講文殊師利菩薩，講善惡業報。有的一生種下去，千生萬生去享受，有的一生做下去，半生就消失了。這就是做善事的時候，發的心不一樣。發的長遠心源遠流長，有的善人等到自己發了財，他要行布施，幫助別人，他的財富源遠流長。有一些暴發戶，自己發了財了，看不起窮人了，一毛不拔，不肯幫助別人。這個富絕對不長，這個富，富不過三代。想要富的久遠，要多做好事，莫問前程。

辦慈善事業　必須眞情實意

做好事不是指供養佛法，而是幫助別人。在當前的世界，慈善事業做的很多。但辦慈善必須要眞情實意的辦慈善，不要夾雜。現在做慈善的事業不眞實了，做善的還夾雜著虛僞。做善事不是要名的，而是眞正的幫助別人，讓人家得到利益。比如說做好事，在佛教講的做功德。在佛教當中菩薩道就是幫助別人，沒有自己，他心裏所想的就是一切人，沒有想到自己，這就是佛教所講的菩薩。

要尊重人　這就是菩薩

這個菩薩不一定是出家人。他的用心想到別人的困難，想到別人的痛苦。我現在把佛教講的世俗化了，什麼叫世俗化？沒有講佛教的語言，都是用世間的語言。因爲大家沒有研究過佛經的話，沒有辦法懂，用世間的語言來說，就是幫助別人。在中國佛教有四大名山，山西五臺山文殊菩薩、四川峨眉山普賢菩薩、安徽九華山地藏菩薩、浙江普陀山觀世音菩薩；觀世音菩薩、文殊師利菩薩、地藏菩薩、普賢菩薩，這些大菩薩都是幫助別人的。「菩薩」是印度話，翻譯成中文就是「覺有情」，讓有情的人都覺悟。覺悟什麼呢？要有善心，不要隨便就責備人、傷害人，要尊重人。這就是菩薩。

菩薩都是尊重眾生的，他們不僅度人，還度豬。比如說有一位和尚在五臺山，一個出家人告訴另外一個出家人說，你幫我帶一封信給勃荷，這另外一個和尚就同意了。帶著這個信下山了之後，他才想到這個勃荷是誰呢？他不知道。後來到了忻州，聽到有人喊勃荷，結果一看這個勃荷是一頭豬。這個帶信的人就把信給了這頭豬了，這頭豬一拿信就立起來了，然後就死了。那封信叫勃荷說：「你該回山了！」

大菩薩度人　先度苦難的

在我們佛教講，那些大菩薩要度有緣人不一定就是那些有錢、有財富的，都是先度苦難的。我們看這些菩薩，並不是說都是有錢的菩薩，有的現得非常的苦惱。

另一個是示現在天臺山。文殊、普賢都示現在人間，示現的是人間普通的和尚，一個是做飯的，一個是總是住在山洞裏的。眾多的菩薩到人間，不一定都是我們看到的，非常莊嚴的佛像，不是的，有很多都是很普通的。

我說這個意思是什麼意思呢？凡是我們佛教的弟子，看到那些不起眼的和尚，或者是穿的破破爛爛的和尚，那才是眞人。我們說「眞人不露相」。是不是都是這樣呢？不是的。要隨緣，眾生跟他有緣他就示現了。所以是隨緣示現，有的示現宰官身、有的示現菩薩身、有的示現普通人、有的是變成大富長者。

作善業起心動念　感應自然而來

大家知道在印度有一爲發心的菩薩，給孤獨長者。他到他的親戚家去拜訪，看他的親戚們都忙的不得了，就問：「你們供養什麼人這麼尊貴？」那個親戚回答說：「我們供養的是釋迦牟尼！」他一聽到佛的名字，就渾身發抖。給孤獨長者是有善根的，這是一種自然的感應。於是他回到他的家中，給佛修了間精舍，也就是佛經裏面經常提到的「祇樹給孤獨園」。

給孤獨長者在修精舍的時候，舍利弗用神通讓他看到六欲天，他往天上一看，天上正在給他修一座宮殿。舍利弗跟他說：「你給佛修祇園精舍還沒有修好，天上的精舍已經修好了。」這叫感應。當我們做一件善業的時候，起心動念做善業，這個應就來了。應就是你自己的果報，將來享受。但是給孤獨長者他沒有發願成佛，他得到的只是天上的果報。

我們無論做什麼事都是一樣的，在發心剛要做的時候，未來的果報已經成熟在那裏了。因此大家要多做好事，莫問前程，不求回報。

佛是以法爲師

二〇一〇年 台北方廣文化編輯部

發願迴向 增長智慧

爲什麼你們要做這個工作？有沒有發過願？有沒有迴向？早晨一進到這裡，你們要先發願；晚上要離開了，若有迴向，你們會增長智慧的。

所謂增長智慧是指你做這部經書，不能夠理解，只能照文字做，不能契入；如果每天發願迴向，你就能契入。一旦契入了，當你遇到什麼困難，不論是家庭或個人的生老病死都能面對。生老病死苦，誰也免不了，愛別離、怨憎會、五陰（蘊）熾盛、求不得，這八苦交煎任何人是離不了的。

你們所做的事業 是行菩薩道

你們每天工作做完了，要知道你們做這個是行菩薩道的。想過嗎？你們在這裡是行菩薩道，讓一切眾生覺，希望他們離苦得樂。你們所做的事業就是行菩薩道。一切眾生看著這個書，讓我們方廣給他們啓發智慧、了生死、體會無常。

我們一年一年都老了。我現在九十六歲了，很快就死了，這是必然的人生過程。但是死的時候斷滅嗎？沒有，只是肉體死了，精神沒有死。現在你們幾位道友的工作就是把精神變成物質，完了，物質又變成精神，你們所做的都是法寶。

佛是以法爲師

佛是以法爲師，現世的佛是以前世佛的法爲師；那未來的佛、彌勒佛，就以釋迦牟尼的法爲師。法是一切諸佛的師，僧寶是代表宣揚的，佛是覺悟。無論你做哪一部經，就是覺悟明白的方法，就是成佛。

佛不是形相。什麼叫佛？印度話叫「佛陀耶」，翻成中國話：覺悟了、明白了。現在傳久了經過二千多年，中國人把「佛陀耶」的「陀耶」給略了，只剩個「佛」，不翻了；不翻就變成我們廟裡所修的神像、佛像，認爲那才是佛。

佛是覺悟明白的方法，你們每天在這兒覺悟，每天是佛，你們把經本一合上，不是佛了。當你對著法，你明白了你就是法，並不是另外有一個法。佛者，覺也，自覺覺他，覺性圓滿。當你自己覺的時候，只是一部分圓滿了；等你究竟成就，圓滿了。我們現在把覺悟的方法作出來，讓一切眾生都覺悟。其他生活上的事情，做事養身體，那是假的，無所謂的，但是你們所做的事業可不是假的。

無量生 你難得遇到這麼一次

現在你感覺在這裡坐一天、上幾個鐘頭的班，其實這是無量生，百生千生萬生億生，你難得遇到這麼一次，只要遇到一次，永遠不退。

你們信嗎？信不信？你們都比我都高！我小學沒有畢業，我是自學的；你拿這個學來的覺悟可以解決任何問題，明白嗎！等你把這個所學的用到你的心裡去，問題就解決了。

我要你們每天早晨到這裡先發願，願成佛，不是願自己成佛，要願一切眾生都成佛。要立這麼一個願，願一切眾生離苦，不讓有一個人受苦，人人都快樂，離苦得樂。願一切眾生在生死的時候，都能有諸佛菩薩來接引他，來生再不受苦難，要這樣發願。

到了晚上下班也要迴向。讓這一天所做的佛事，迴向我將來一定成佛，迴向現在能逐漸開悟；開悟就是你不明白的事情，開了悟明白了。

像〈大乘起信論〉，〈大乘起信論〉得翻過來，「起信大乘」。什麼叫大乘？大是心，乘是運載。像我們今天來是坐汽車，也有人坐火車、騎自行車，那些都是運載工具，但有快有慢。佛經也是運載工具，把你從凡夫運載到成佛。

早晨發願　晚上迴向

早晨發願，晚上迴向。願我所做的事業，都迴向給眾生使他們早日成佛，同時願一切眾生離苦得樂，這是未來的願。

每天下班要迴向，迴向給自己的媽媽爸爸。爸爸媽媽都在的，給他們迴向，讓他們身體健康。不在了，迴向讓他們生極樂世界，不管他們在哪一道，假你們迴向的力量、念經的力量，把他們從那一道度到極樂世界，那你們所做的事才不會白幹。

你們不迴向，功德只有一份；迴向了，功德變成一百份、一千份、一萬份。每天下班一定要迴向，早上剛一進來要發願，要利益眾生；千萬不要想其他，這樣就什麼功德都沒有了。

你們到這兒來都是在行度眾生，誰若看到我們的書，看到他就開悟、快點成佛、了生死，消災免難，起碼現在就消災免難。人沒有不害病的！當你身體不好，在這個地方上班的時候你就迴向，讓菩薩加持你，這是眞實的，你要建立這個信心。

什麼叫信心

你們今天在這裡做的工作，現在還沒得信心！只是欣樂心，喜歡這個工作，但這個心不是信心。

什麼叫信心？你覺到這件事做的不對，第一個念頭生不好的思想，馬上就止住了，不相續，以後這念頭再也不起了。「覺知前念起惡，止其後念不起。」這就是入了信位的菩薩。如是你經過一萬劫，可以證得十住的初住，能到一百個世界示現成佛。雖然距離成佛還遠，你也能示現成佛、度眾生，但是得經過一萬劫，你的信心才能成就，才能入信位成就，完了入了初住。

初住，就是我們所說的開悟了，大徹大悟。我們的祖師雖然大徹大悟了，還得修！那個時間沒有關係了，他自然愉快的修。我們不行，我們這肉體非常苦難，不論是誰，沒有不生病的，沒有不煩惱的。

我要到九十歲以後，什麼煩惱才都沒有了。但是你們要到我這個歲數，還得經過多少苦難！你們不知道我的苦難，我住監獄就住了三十三年。

不要只在文字上轉　想那個無文字

人都要經過苦，但是你在苦中不感覺苦。懂這個意思嗎？每天不要只在文字上轉，要想那個無文字，離開文字，停止你的思想！不然你就白幹了。雖然有福報，這個福報是人天，讓你們死了不會再做人了，可以生天。但這個天是有盡的，等你把它迴向了生死，那就永遠無盡。

你們每天來這兒第一個就要發願，完了下班要迴向。路上車禍每天撞死一萬個人，你不要擔心，撞不到你身上，什麼災難都消了。你有病了，在病苦的時候，就消你過去的宿業。你過去做了很多錯事，把那個業障消了，越來越好、越來越好。

你們也要懺悔發願，「我昔所造諸惡業，皆由無始貪瞋癡，從身語意之所生，一切我今皆懺悔。」這個大家都會念，但是要用心去觀想，這就是你的貪心。發脾氣、瞋恨心，是沒有智慧的。癡是愚癡，不明白，也是沒有智慧的。

但願百年無病苦　不教一息有愁魔

大家要在工作中轉換習氣，契入佛教。每天要歡歡喜喜的，乃至於一呼吸之間都不要發愁，都不要煩惱，「但願百年無病苦，不教一息有愁魔」，呼吸之間都不要有愁，愁在佛教就叫魔。心裡不高興，那就叫魔，什麼魔呢？魔你的身體沒有辦法開悟，沒辦法增長智慧。

最後，大家要離開文字相，文字是不能解決問題的，離開文字了，問題就解決了；別白幹，共同發願吧！

枯木逢春的啓示

二〇一〇年 新春開示 台北

問：這裡有一些枯木好像已經死掉了，可是放了大概二個月，現在開始發芽，然後又長葉子，不知道這有什麼啓示？

答：先講個禪宗的故事。

在離福州七十華里有座庵，叫枯木庵。後面的山，四季都很寒冷，叫寒崖（巖），二個加起來叫「枯木倚寒崖（巖）」，枯木靠著一個沒法生長的寒崖，不會再生長。又趕上三九隆冬的天氣，「三冬無暖氣」，一點暖氣都沒有。

以前有一位修道人就修到這樣程度。母女兩人供養這位修行人，在這個地方住大概有一二十年了。這一天她的媽媽就告訴女兒，「妳上去抱一下師父！問問師父有什麼感覺？」這母女二人也是修道的，她女兒就照她媽媽的吩咐了。一過去就把師父抱住了，問那師父：「您的感覺如何？」

老和尚就說：「枯木倚寒崖，一顆枯死的木頭又靠著寒冷的山崖。三冬無暖氣！再加上又是三九隆冬的天氣，我一點知覺都沒有！」

在我們一般人來說，這是修道已經修成了。但是這位施主不是這個看法！回去了，她母親問她女兒：「師父說什麼？」「師父說：『枯木倚寒崖，三冬無暖氣。』」這老婆婆就發脾氣了，說：「我們供養了十多年，供養了一個死人！」

這個大家怎麼樣理解？要是以一般的看法，修道能修到這樣程度，修成功了。但是這位施主罵他！供養一個死人，也就是他還沒有修成。

完了，這女兒又給師父送飯，就跟師父說：「我媽媽跟我說，供養師父十幾年，供養了一個死人」！老和尚聽到了很慚愧，又再去修行！

大概又隔了十幾年，她媽媽又叫她女兒說：「這回妳再去把師父抱住，問他有什麼感覺？」她女兒照媽媽的吩咐，去了又把師父抱上了！

「師父，您有什麼感覺？」

「沒什麼感覺，就是感覺抱著！」

這句話大家怎麼樣理解？先前頭十五年，抱住他，他的感覺是「枯木倚寒崖，三冬無暖氣。」一點知覺都沒有，沒有一切感覺的意思。所以那老婆說他是個死人。這回又隔了十多年，她女兒又抱他，感覺只是抱著。

大家怎麼樣理解這個問題？這兩個前後加起來將近有三十年了！要是修行人修行到這種境界，見聞覺知、眼耳鼻舌身意都定下來了，沒有感覺了。這個境界好不好呢？不好在哪一點？大家可以參一參！

後來又經過十幾年，他只是感覺抱著。這個答對了！這是一個禪宗的公案。（編者按：典出「指月錄」卷七。）這是什麼意思？一個修行人必須活學活用。

前頭那個階段，他只是證到見聞覺知沒有作用了。面對一切外邊境界，他已經不起分別了。就像阿羅漢，他的修行是自修，阿羅漢不能利益別人。所以那老婆婆批評他是半分的修行人，不是整分的。修行是爲了利益眾生，只自利自了，那不是跟死人一樣嗎！供養你有什麼用處呢？

等到她女兒第二次抱住，他說只感覺抱著，這叫活學活用。修行人除了利益自己，還要利益別人。

諸位道友都是三寶弟子，信佛的，不只自己信佛。信佛種福田，了生死，這叫自了。還要去幫助別人，勸一切眾生。對不明白佛法的、不知道佛教義理的，你要給他們講，讓他們都明白。這叫活學活用，這就叫菩薩。

我們經常講菩薩跟羅漢的區別在哪裡？都成了道，都了了生死。

一個是利益別人，一個是只能自利。道在人弘。一切眞正的道理要人去弘揚，釋迦牟尼佛已經不在世了，快三千年了，如果沒有人弘揚，斷滅了、消失了；如果斷滅消失了，我們這三千年來的弟子還能聞到佛法嗎？那就聞不到了。聞不到就得不到度了，不能得度了。

因此，「佛」、「法」是兩回事。佛是什麼涵義？佛就是明白，就叫佛。這個人明白了，是個明白人，給他標名，跟人不同，就叫佛。佛叫什麼？明白覺悟的人。我們還沒明白、沒覺悟，那就跟這明白覺悟的學，學什麼呢？學覺悟、學明白。那樣我們漸漸就能達到覺悟明白了。

朝山的行願

二〇一〇年 四川

今天你們有沒有觀想佛菩薩？等會高興去這兒看看、到那兒看看，你們心裡還會想到佛菩薩嗎？

朝山，一般說又叫朝聖，我們有時候又叫朝聖團。這個地方、那個地方看看，看完了回到旅店。你所看過的沒有了，這叫無常。一切都無常，今天朝了，明天我們這些人還在嗎？還能一個不缺來朝山？恐怕不一定了！過去的不說了，說說未來的，明天我們要朝峨眉山。

峨眉山是普賢菩薩的道場，朝峨眉山跟一般的山是不一樣的。我們在這兒是看風景，到峨眉山是朝聖，普賢菩薩會加持我們行普賢行。

明天朝峨眉山，心裡一定要念普賢菩薩。我們先念一下普賢菩薩十大願王：

一者禮敬諸佛
二者稱讚如來
三者廣修供養
四者懺悔業障
五者隨喜功德
六者請轉法輪
七者請佛住世
八者常隨佛學
九者恆順衆生
十者普皆迴向

別白朝了，辛辛苦苦得有個收穫。我想，我們這麼多的道友，多數都是佛的弟子，可是有沒有念佛呢？有沒有念觀世音菩薩？有沒有想到佛、法、僧三寶？

一切世間相無常，在朝山的時候很喜歡也很疲勞，苦也包含在裡頭。我告訴你們，如果你沒有念佛、也沒有念法，光看看風景，我跟你們說：「花錢買罪受。」像這次旅遊，把人累的疲疲勞勞的，這是爲什麼？就看你怎麼想。出來散散心？等你散完心，回到家裡又生起煩惱。

如果你念佛、念普賢行願，普賢菩薩會加持你，臨命終時送你到極樂世界。明天你們要把朝山當成普賢行，因此要念：

我此普賢殊勝行　無邊勝福皆迴向

普願沈溺諸有情　速往無量光佛剎

記住沒有？朝峨眉山的時候要記著念，不要空過了。我不知道你們是怎麼想的，你們有什麼願力？做貿易的想發財？我看我們這些道友都不是想發財的。身心健康，你們想不想？讓佛菩薩加持讓我們身心健康，無病、無惱、快樂，想不想這些？我們每個人想的不一樣，各有各的想法。要想什麼呢？想佛、想法、想僧，念念的不忘三寶，可是往往沒有想三寶，盡想別的去了。

同時還要想到一切眾生，這山裡頭我們眼睛看見的，有的很有錢、生活過的很好。有的並不是這樣，有的是很痛苦的。要給他們迴向，讓痛苦的眾生離苦得樂，隨時給眾生迴向。山裡的眾生很少，不過峨眉山猴子很多，到了峨眉山，要多念念菩薩聖號，給猴子迴向，給一切眾生迴向。

受戒容易　持戒難

二〇〇九年　香港西方寺

大和尚慈悲，諸佛子慈悲！恭喜大家受持清淨戒！在這個社會中，有這麼多人能一起受三壇大戒，非常難得。因爲比丘是令正法住世，菩薩是弘法的，唯有菩薩才是眞佛子，所以我稱大家都是菩薩，都是佛子，祝大家得清淨戒！

受戒容易　持戒難

但是應當記住，受戒容易，持戒難！受戒才幾十天；持戒，特別是菩薩戒，要無量劫！比丘戒，你的生命要是捨掉了，戒體就沒有了。菩薩戒則是不同的，你受了菩薩戒，直至成佛。但是在這個中間，我們經常犯哪！菩薩戒是持不住的，但是又非受不可，不受戒不能成爲佛子，不能成佛。希望諸位佛子，隨時隨念，每天起心動念都要發菩提心。

菩提心難發　更難的是菩提心的戒

菩提心難發，更難的是菩提心的戒。菩提心的涵義，印度話叫「菩提薩埵」，中國話就翻成「菩薩」。菩薩要發菩提心，菩提心是成佛的正因。不發菩提心不能成佛。所以發心跟成佛這兩個心：究竟成佛的心，跟你初發意的發菩提心，如是二心初心難，也就是「初發心時成正覺，如是二心初心難」。

你若遇不見三寶，也不能夠生起發菩提心。現在有這麼特殊的因緣，大家來這裡受三壇大戒，都是發了菩提心，決定能成佛。發菩提心的人永遠不會失掉，生生世世是相續的。這跟比丘戒不同，比丘戒是當生，菩薩戒是從你發心直至成佛，永遠相隨。中間過程有些人會犯戒，但是可以隨犯隨懺。大家要生起最初的發心，要生起一個堅定的信心。

我說這個話的意思，恐怕諸佛子有懷疑。說我都出家落髮來受戒了，還沒有這個信心哪！這是因爲你沒有經過學習。你要是學習就知道了。出家乃至於受了三壇大戒，之後，你才懂得發心是很難得的。

發菩提心跟成佛的那個心，「如是二心初心難」哪！成正覺是從發心起，你漸漸依著所發的心，加上願力加持，漸漸的行持，不論經多少億劫還是你最初發的菩提心。要想成就這個心，不是短暫的了。現在大家發菩提心了，決定能成佛，這個中間經歷時間的長短，那就看你的修行了。

希望諸位道友保持這個菩提心，菩提心就是「覺」。發了菩提心就是成佛。覺悟的心發了，你依著這個覺悟的心來指導，讓你直至成佛。但是「如是二心初心難」，這兩個心，發菩提心可是很難很難的。

要是發了菩提心，你絕對能成佛，但是中間會經過許多障礙的，不是那麼容易的。

發菩提心　難在於保持

等你出了家，受了戒，以後要行道的時候，要經常保持菩提心的覺悟。這個是覺悟的心。所以說「如是二心初心難」。你難得遇到這種殊勝的境界，這種殊勝的境界就是三寶的外緣，加上你內心生起的善根。這個因跟這個緣，因緣結合了，增長你的菩提心。

剛才我說的發菩提心很難，難就難在於你能不能保持！要保持得有信心。大家這個信心還沒有具足，這樣說你們可能會產生懷疑說：「我出了家、落了髮、現在受戒，信心還沒有成就？」沒有。什麼才是信心成就呢？你們都可以問自己就知道。「覺知前念起惡，止其後念不起」。當你第一念頭不對，馬上就能止住，令它不相續，這就是信位的菩薩了。對於三寶，一信入之後，這個菩提心不會動搖，不會變化。遇到自己有任何的艱難，寧捨身命，保持你的菩提心境界。因此才說：初發時的心跟成正覺的心，「如是二心初心難」哪！

要發大菩提心，大菩提心就是覺悟，覺悟就是究竟成佛。從你發這個心、種下這個因一定能成佛。中間要經過好多劫，但是不管怎麼變化，你這菩提心的種子永遠不會失掉，直至成佛。

我現在祝願大家得清淨戒！希望諸位都能成佛度眾生！

修定的資糧

二〇〇六年 山西五台山普壽寺

修道的時候要有助道因緣。什麼是助道因緣呢？你修道的時候要穿衣，要吃飯，也得有個住處。這就是助道因緣，資助你修道的緣。

沒有所依的資糧，這樣去修行是成功不了的。你要想修定，得先備辦資糧，得先準備好，這是修道的前方便。你要想得定，先得有一個處所啊！但是這個處所煩亂是不行的，必須有個清淨處所。

還得有人護持。你得有護法啊！你要修定，就說閉關，把你關到屋子裏頭去了，得有人給你送飲食。閉關了，你是清淨的，衣食住行有了，不要操心了，還得有人照顧。這樣才能夠使你不再起心動念，不要有雜務的干擾。心裏頭不要胡思亂想，把雜亂的都能放得下，這就是行道的資糧。

還有法。更重要的是法的資糧，你要修定，得先修四加行。修任何法，要先修加行法。加行是說你證道之前要修定，或者四禪八定，或者楞伽大定。受過戒的人迴照一下，你連三歸五戒都清淨不了，那更不要說比丘戒、比丘尼戒。即或是沒有違犯根本戒，細行都有犯的。懺悔掉沒有？懺悔清淨沒有？在修定前一定要先修懺悔法，不然你修定是修不成的，會有擾害的。

還得把業障消除，停止一切作業。假使沒有資糧的話，處所不淨，干擾會很厲害。沒有人照顧你，你心裏就生起妄想了，不能不想啊！有妄想了，你修定要怎麼修！心裡不能有一點的妄想！環境的關係，修定的環境，那你就得準備好。你不準備好，定修不成的了。餓著肚子，你能修道嗎？吃了這頓沒下一頓，心裡不想嗎？還要自己去打水，還要自己去燒鍋，自己做飯，那定要怎麼修？這是客觀的環境。

你靜坐的時候，什麼都不想，衣食住行都不想，閑靜其心，這是第一個。找一個寂靜處，安閒的沒有干擾，這還不是住山林！在佛說的比丘住山林修道，如果沒有定力，就去住山林，你會恐怖，修不成！除了野獸的恐怖，還有很多的恐怖現相。

我們過去的祖師以他修道的經驗說，「沒破參不住山」。沒破參的時候，沒明心見性的時候，不能住山。那個山是指著住茅蓬，沒有人煙的地方，不是我們這山裏的大廟。山林是寂靜處。山林的干擾很厲害，有野獸，有這類的干擾，讓你的定得不到。

想修定，要戒根清淨。如果破了戒，戒根不清淨，身口意三業不清淨，三業不清淨的時候，你會有熱惱。在你修的時候，會生起煩惱的。犯了戒，你所行的破了律儀了，破了戒就是行惡行了。那還能得定嗎？行惡行不能得定的。怎麼辦呢？把那業懺悔掉！怎麼證明我懺悔清淨了呢？要見相好。《占察懺》就告訴我們，能見到相好，或者見到地藏菩薩，你所有的罪業都清淨了！這不止一個業了，還包括意業。

戒是什麼意思呢？防非止惡。戒是保護你的，犯了戒了，破了戒了，保護的沒有了，那叫行惡行。行惡行的，要想修定是不可能的。

我們看見過去的大德們，入定得了三昧，入定了還能犯戒嗎？他以前沒有犯戒，現在能入定了。戒裡頭微細的很，不是只講戒條，主要的是心。因爲你修定的時候，要用心去修。先使你的心清淨，沒有什麼煩惱。有煩惱了，定不下去的。有污染心，雜亂心，那怎麼能得定呢？

不貪於利養　唯樂佛菩提

二〇〇五年　山西五台山普壽寺

不貪於利養　唯樂佛菩提
一心求佛智　專精無異念（華嚴經十地品　初地偈頌）

不貪於利養　唯樂佛菩提

大乘教義告訴你，人我空、法我也空，人法雙空。分段生死要滅，變異生死也要滅。菩薩行菩薩道，二死永亡又不入涅槃。入涅槃即是不入涅槃。這是什麼意思？永遠度眾生。經常用你的般若智慧來觀照，你所學到的法是告訴你去作，不要執著，你要是執著法，這叫法執。

說法利益眾生，這是自己去行道，說法幫助別人，這是你的責任，因爲你是菩薩。不能在這裏生起貪著，生起利養心。

什麼叫利養心？利養心就是受供養，「你要供養我才給你說法，不供養我就不給你說法！」古來大德有的要是不供養他，他就說你是輕心慢心。依照西藏的教義，你若不供養，聞法只得到慧，沒得福。供養了而又聞法，福慧具足。修福一定要修慧，修慧必須修福，要福慧兩足尊。「唯樂佛菩提」，菩提果就是佛究竟的果位。

一心求佛智　專精無異念

一心求智，只有一念心，別的都沒有。這是什麼意思？求佛的智慧。在求佛的修行當中，「專精無異念」，絕不再念生死。在你修出離法的時候，絕不再念世間，這叫修行。

修行的時候要消除你世間的五欲觀念，不讓一念生起五欲，簡單說就是不要貪戀、要放下。

世間法放下了，佛法就提起來了。這個放不下，那個提不起來的。怎麼能放下呢？依著佛的教法，看破了不貪戀了，叫放下。

覺林菩薩偈講述

二〇〇五年　山西五台山普壽寺

覺林菩薩在《華嚴經》是十林菩薩的第九位。凡是印《地藏經》的，都把覺林菩薩讚佛的偈頌印上去。這是什麼意思？告訴你，沒有地獄。但是得你覺悟。你不覺，地獄就有，你覺了，地獄沒有。

「爾時覺林菩薩。承佛威力。徧觀十方。而說頌言。」

覺悟，就是說他的心。從他本來具足的到變成眾生，又從眾生覺悟回到本位，這叫「覺林」。這十個偈頌是用畫家來形容比方，用畫家的心，用諸顏色來比方。

「譬如工畫師　分布諸彩色　虛妄取異相　大種無差別

大種中無色　色中無大種　亦不離大種　而有色可得」

這兩句都是比喻一心。心是隨著外緣變化的。工畫師畫顏色，他的心跟顏色，跟那些畫不相干。但是心畫出來了，畫出來的畫不是心，那顏色也不是心。他在分配顏色的時候，那是虛妄的，是假的。他的心跟那些顏色不能和合的，不能和合到一起的。那他為什麼用筆，用顏色，畫出個相來？那個相是假的，是虛妄的，誰都知道！

但是「大種無差別」。他那個心跟那個種子，沒有差別。這大種就是心，那些顏色裡頭沒有色相可得。色裏頭畫出那些顏色來，也沒有大種。它離開大種，離開地水火風這四大種，它又有哪個色相可得！沒有色相可得。形容我們這個心跟世間都如是。

若說到心，其他的相都沒有了。有其他的相，那心就隨妄了。眞跟妄是不能合到一起的。心跟那些顏色跟那畫，不能合到一起，他怎麼知道畫出來了呢？能畫的跟所畫的，兩個是不同的。

我們現在這個眾生相，跟眞心是兩回事。那怎麼合到一起了？但是畫，縱有顏色有畫筆，那必須得有個心指揮它來畫。拿這個作顯現的意思。說你那個性體，那心跟外邊境界相，一個相，一個心，互相交織的。一切相用畫筆來著顏色，它是無情的。你這個心是有情的，有情的跟無情的，合到一起嗎？不能合到一起。那畫又是怎麼產生的？這讓你來參。重要的是離開心意識來參，心裏頭沒有畫，畫裏頭也沒有心。

「心中無彩畫　彩畫中無心　然不離於心　有彩畫可得」

心裏頭沒有畫，沒有色彩，什麼也沒有。彩畫裏也沒有心。若離開心，有彩畫可得嗎？不離於心才有彩畫。這畫出顏色或畫出畫來，才能得的到。

我們講〈大乘起信論〉，彩畫是心生滅的，這叫心生滅門。心是眞心，叫心眞如門。在心眞如門、心生滅門，上頭有一個字，「心」。這是心，跟外邊的彩畫彩筆，那是境。心跟境不即，不是一個，不能相合也不離，離開也不行，這叫不即不離。我們經常講不即不離，就是這個意思。

心境，心跟境不相離也不能合；但是出來畫了是事實，這叫彩了。它雖然不是和合的，它不由心的安排，哪個用哪個顏色，這是心安排的。沒有心的安排，能有這些彩色嗎？畫不是心，是手啊！畫畫的是手，手跟心又是兩回事，手跟畫又是兩回事。沒有心指揮手，手怎麼能畫？這個道理讓我們要經常去想。

譬如「惑」，我們迷惑了，不論做什麼事，所做的都是錯事。從這裡返本還源。我們修道，或是念阿彌陀佛，念阿彌陀佛，是你心念嗎？是你口念？心也得想，口裏才能念。心裏不想，想到別處去了！

你能念阿彌陀佛嗎？念阿彌陀佛又是誰？阿彌陀佛是誰？《阿彌

陀經》說西方世界有一尊佛叫阿彌陀佛，這是聽佛說的。《佛說阿彌陀經》上說十萬億佛土，那可遠了，你的心怎麼能觀想得到？當你念佛的時候，心裏如何想？你心裏頭沒有阿彌陀佛也沒有極樂世界。極樂世界阿彌陀那兒，沒有你的心。不離你的心，不離你的口，你念阿彌陀佛，得到生極樂世界。

這你都可以連繫這樣觀！這個心是生滅的，住不住的。念念遷徙，無窮無盡。那個思想難思議，想像不出來的。它示現一切色，而一切色各各不相知。

「一心」，諸佛跟我們都是一個心，可是各各不相知。佛心，我們不說了，每個人都有一個心，我們能互相知嗎？誰也不知道誰的心在想什麼？各各不相知。就跟那畫的色相似的，那個彩色相，紅的跟藍的各各相知嗎？它們是無情的，怎麼相知？根本知不了的，這個就要你去參！

就像我們剛才講的，心眞如是眞，心生滅是妄。眞妄怎麼能合到一起的？眞絕對不是妄，妄絕對不是眞。但是眞妄兩個和合了，因爲和合了，才生出三世間，才生出十法界。

這個比喻是讓我們思索，讓我們依著它起修。在《華嚴經》十行法門，你要修行怎麼修行呢？你這樣的來觀，往內觀，觀你的身心。往外觀，外觀一切世間、一切世界。思惟觀一切法，無住無相無作。你所作的業，業業不相知，都是心所作的。

互相不相知，你這個心是眞妄和合的。我們說把妄遮斷來顯示這個眞的，妄的遮不斷，眞的顯現不出來。所以要修行。修行的目的就是經常如是觀，觀一切法的生滅。觀的時候有兩種，一種是析空觀，把它分析分析，分析到沒有了，空了，這叫析空觀。一種是體空觀，知道這個本身，根本就沒有的，當體即空。

我們心裏最經常的障礙，不是斷，就是常。斷是斷滅知見，死了就沒有了。這都是業不由己的，不是你想怎麼樣就想怎麼樣。你得先把妄斷了。

〈起信論〉上講，不生不滅與生滅和合，這個就是我們的阿賴耶識，眞妄和合。我們想遮止一切惡，斷絕這個妄。有時候把阿賴耶識當成是斷是常，既不是斷，也不是常，非斷非常，恆如是轉。說它是眞！是妄！它是眞妄和合，恆時如是轉。它是一類一類的，常時這樣的相續，不間斷的這樣相續。流轉生死，我們要把它斷了，不再流轉了，那就要靠修行了，修行就要下功夫。

「彼心恆不住　無量難思議　示現一切色　各各不相知」

這是覺林菩薩讚歎偈中，拿這個畫師來比喻心的變化。能變所變的形象，畫的畫，那變化多端了。所畫的畫不是心，而由心故畫。心裏所畫出來的，顯我們這個妄啊！就是我們現在說的這個妄心，你心裏想的很多怪念頭，妄心所想的，由這個心顯現一切法。

這個涵義不是顯現的，而是斷。顯現的是常，就是遮斷。因爲我們這個心！它所變現的一些形象，覺林菩薩就用這個畫師來顯現我們這個心。是心畫的嗎？是手畫的嗎？而且還要調色或者用紙，才能畫出形形色色來。這個心，它是不住的。心裏頭包括無量的，形形色色的各種想法。它能表現出來像那畫師似的，化現一切色。我們這個心也能變化種種樣樣的。但是你所變現的東西，互相不相知。也就是說你心所變現的，某一段時間的變現都是不一樣的。以下就解釋工畫師。

「譬如工畫師　不能知自心　而由心故畫　諸法性如是」

那個畫師自己並不曉得他的心，沒有了解他的心。一切法，法不知法，法法互不相知，無心故。但是它可能頓現，就像那個畫師畫畫一樣的，他不能知道自己的心。畫是由心畫的。

參悟一切法的時候，你想一個形象，或者想個什麼東西，就是心裏在想。心裏想的不是事實，是假的。想的不見得變成眞實的！變成眞實的，還是假的。雕刻匠他拿刀子想刻佛像！雕什麼？心支配他的手，手支配他的心，心跟手和合的，還得有前頭一個模子，不是自心所造的。一切法都是如是產生的。法不知法，這個法本身不知道，它是無情的。而由畫師畫出來的，一切眾生都不能了達他自己的心。

一切事都是他的心做的，讓我們認識我們這個妄心。我們的心能現起很多境界，在這個境界相，你不去攀緣，不必執著，沒有實體的。但是，讓你達到無住，以無住爲本。

心能畫，但是它不能知。所作的畫，畫也不能知心，心也不能知畫。像郎士甯畫的馬，那畫的神了！鄭板橋畫的竹子，把那竹子畫的很神了！但是那竹子不是他的心，可是由他的心來畫。這個身體不是我們，是我們畫出來的，沒有這個身又怎麼能顯出來？

我們這個緣念的心，人心不同，如其面然。大家看吧！好幾百人，各各面孔不一樣的。各各的心不一樣的境。一切境界相是由心變的，離開這個心！沒有境界相可得，境界相無體。但是我們這個心又去緣念這些境界相，攀緣這些境界相。這個心就像工畫師一樣的，畫師不知他的心，但是畫可是由他心生出來的，他的心裡也沒有畫，這要你自己去想。

一切諸法的體都如是。原來是空無所有，拿一張紙、拿點顏色，就畫出個相來，畫這人物、畫這山水，就有了。有的不是實在的，還是個假的，這要思惟修了！換句話說，就是參。

爲什麼讀《地藏經》之前，要先讀覺林菩薩偈頌？一切境界都是心變現的，無量地獄相是由心變化的。心變化的是沒有的，但是一切眾生受地獄苦，它又是實在的。那個實在是非有的，是心所變化的。誰心裏又變化個地獄啊！那是你的心變化地獄，這種變化可多了。你造哪種業，就變化哪種地獄。所以在《地藏經》前，加上覺林菩薩這個偈頌。

還有另一種說法，有一位大德他墮地獄，到了地獄門前，憶念起：「若人欲了知，三世一切佛」這個偈頌。本來他想念完這個偈頌，「若人欲了知，三世一切佛，應觀法界性，一切唯心造。」還沒有念出來，地獄就空了。所以在《地藏經》前頭，印上覺林菩薩偈，這是這段故事的原因。你要是怖畏地獄苦，念念覺林菩薩偈頌吧！

「若人欲了知，三世一切佛，應觀法界性，一切唯心造。」覺林菩薩這個偈頌，我每天念一遍，大概有二十四年了。因為念《地藏經》，一開始就要念覺林菩薩偈頌，以前講《華嚴經》沒有怎麼注意，現在念《地藏經》時就開始注意了。每天念一遍，經常觀想你這個心，由這個心才造種種的業。每天你的思惟，一切行動，離開心嗎？也有離開的。精神錯亂的人，精神錯亂的離開心了，那叫傻子。我們經常說傻子，傻子老實一點，瘋子就不老實了，瘋了嗎！他就作種種的業，要經常的這樣思惟。

這是觀心法。覺林菩薩教我們觀心法，觀什麼心？因爲它是空的，行菩提道，發菩提心，千萬別產生障礙。一切法，先悟得它是空的。因爲空，它沒有障礙了才能建立一切。你要怎麼畫就怎麼畫，如果有障礙就不行了。你只能照葫蘆畫瓢，畫不出別的來，畫瓢可以，畫山水畫人物就畫不出來了。形容你這個心，讓你觀心。

「心如工畫師　能畫諸世間　五蘊悉從生　無法而不造」

這個心妙到什麼程度呢？色受想行識都是心所造的，從心所生的，何況世間呢？世間相，什麼都能畫得出來的，那是心造的，所以能造一切法。一部大藏經都是心畫出來的，那是佛心畫出來的，不是我們心畫出來的。無量無邊的地獄，那是我們心畫出來的，心所畫的。

世間的山河大地一切事物，全是心畫的。

「無法而不造」，這個山河大地，可不是一個眾生心！無量眾生心，在這個世界上住的，所有眾生集體畫出來的。有時候畫風災，這次大海嘯是誰畫出來的？自己畫出來的，我們並沒有畫它。爲什麼？我們沒有受難，只是知道而已。

這個心像工畫師一樣的，能夠畫世間。世間所有的形相，唯心識所變，都是你的心識變化出來的。天堂地獄、你的家庭，都是你的心變化出來的。在社會上，他的腦子在那裡想，他有財富，想要開個公司，他變出公司，變出職員。這也開擴，那也開擴的，發展了多少家，就是他思想變的。有時變好了，有時變壞了。變好了呢？公司成立了，賺錢了越來越興盛，掙多少個億，全世界都有他的生意。變壞了倒楣了，什麼都沒有了。這是業，業是惑，惑是心。心裏一迷惑，生出來這麼多問題。家庭也如是，一切都如是。

總之，一切法都是你心所造的。就像畫師畫畫一樣，他能畫出各種畫來。但也有畫得好的，也有畫得不好的，畫得好的就是名家了。像我剛才舉了幾個畫好的，好的有什麼現相呢？古來人所有畫竹子的名畫家，你坐在他那畫跟前，你感覺著那個竹子清風吹動似的，有那麼一種感覺。那就是他的心感染到你。郎士甯畫的馬，那馬像活了一樣的，越看越像。那就是他的心有神力，心力所加持的。

爲什麼一張畫值幾千萬美金！這就說明心造化的不同。有的畫不值錢。爲什麼？他畫的心力不夠，心力不夠就不神。畫畫是畫的神態。例如說那畫竹子的，還作首詩，「重重疊疊上瑤台」，那竹子的影子，重重疊疊上到臺階了！「幾度呼童掃不開」，就叫童子把它掃了。那影子哪掃得到呢？怎麼掃也掃不開！太陽一出來，影子沒有了。「剛被太陽收拾去」，太陽把它收拾沒有了，一會月亮又出來了！「卻教明月送將來」，這個裏頭所含的義很深。（按：典出北宋蘇軾「花影」詩句。）

這個是說竹子的影子，另一種是說社會上的壞人擾亂你不得安。太陽一出來，陽光一普照完了，壞人都沒有！晚上那個月亮一來，他的影子又來了。太陽把它收拾走了，月亮又把它送回來了。

故宮有間房子，一到天陰的時候，宮女就在裏頭來回走，這是北京一景。天陰了到故宮裏看這影子。建國初期，這間房子拆了，影子也沒了。北京有間倒影廟（按：即北京西城區慈慧寺），那座廟的大殿門有著一個洞，你在這洞裡往外看；不論誰在這裡過，腳在上頭走，腦殼在底下動，所以叫倒影廟。

這是什麼？唯心所造的。沒有一件眞實的，眞的就壞不了了，可壞性不是眞實的。能造這個心是假的。所造的一切法呢？哪有眞實的，都是假的。那畫家拿著手去畫，這個手就代表心了。他的心不注意，心神不在，他的手畫不出來。是手畫嗎？是心畫嗎？說手在畫，心裏在指揮，心裏動念，手裏在畫，那就和合了。那手是有形的，心是無相的，無形無相的，怎麼合到一塊呢？合不在一塊兒。分開了畫不出來了，合也不是，分也不是。我們種種的五蘊，就是這麼形成的。

「心如工畫師，能畫諸世間」，拿工畫師形容這個心。我們前面講「惑」，因惑而起業。惑是把心迷了，起了惑了，那惑就造很多業了。拿手畫畫，就是指你造的業。這是迷惑所造的業，不是明明白白的，明白心了，明白心了不造這個業了。

十方一切法界諸法，虛妄不實的。告訴你，沒有一件實在的東西，讓你這樣觀。這樣觀就觀空了嗎？這叫修道的功行。怎麼行？發了菩提心，行道就是修行，怎麼修行？觀一切法是假的、空的。等你達到空了，連你這個能觀的心跟所觀的境，全是空的。空是性，是諸法的體性。畫呢？是隨緣而緣起的。

「如心佛亦爾　如佛衆生然　應知佛與心　體性皆無盡
若人知心行　普造諸世間　是人則見佛　了佛眞實性」

世間的五蘊，一切境界相。色就是一切法，受想行識，這是心法。色心二法，就這二種。一個境界相一個心，全部沒有實在的。眾生如是，佛亦如是。心佛都是這樣，佛如是，一切眾生也如是。心佛與眾生，所有的境界相，都不是眞實的。這個是從什麼起的？從體性而起的，體性是無盡，這叫性空。

但是因心緣起，假助緣一切緣。緣能使這個心，成一切五蘊相。要是能明白了這個心，這樣的來修行，你可以照出一切世間的境界相。這樣子你了解心，就能見佛。

「是人則見佛，了佛眞實性」，這就是佛的眞實性。這是什麼呢？性空。佛是怎麼成就的呢？緣起，緣起性空。修行要這樣修行。觀心行、禮佛、拜懺、讀經，能讀的、所讀的。所讀的經文，全是隨緣而起的，隨這個緣能可以漸漸的覺悟。

明白你的心性，這是緣起。明白你的心性，那是性空，一切眾生都是心造的，心是一總相大法門體。我們講〈大乘起信論〉，一個心眞如，那就是佛。心眞如，心生滅，那就是眾生了，九法界都如是。「心生故種種法生，心滅故種種法滅。」心有生滅嗎？心無生滅，隨緣而生一切諸法，緣盡，還歸於眞空，這叫眞空妙有，妙有眞空。一切經論都如是。

修行就是觀你心的起處，達到無念、無作、無相。完了就產生無邊的妙用。如果自己能悟道了，任何環境你都能安然自在。爲什麼呢？你放下了，看破了。因爲你的心不起念，還有哪個來造這個事呢？起念才造作。佛就如是，沒有造作，能知道你的心裏所做，能達到無念、無作，天下太平了。什麼事都沒有了！這就見佛了，了佛的眞實性，這就是佛的眞實性。

如果能先觀自己的五蘊，先觀你的肉體。誰指揮你的肉體？找找原因吧！爲什麼會痛？找找痛的原因吧！爲什麼會生病？四大不調。

人吃五穀雜糧會害病的，因爲病從口入。病是怎麼來的？不是多吃了，或者不吃了，或者食物裏頭有毒了，吃了不消化了。

這樣去觀。先從有觀，能把有觀到空。那誰也拿你沒有辦法了！什麼害都不會受了！像眞歇了禪師、高峰妙禪師，看他們是怎麼成就的？就是這個涵義。等他一入空觀了，鬼拿他沒有辦法了，閻王爺也拿他沒辦法了。哪找他去？沒有。要這樣子來認識佛，來認識一切眾生。現在一切眾生，本覺在生滅門中，認識一切諸佛，本覺在眞如門中，什麼問題都解決了。

這是眞正的修行，這叫「一心二門三大」。這樣去觀，還只是觀。還在十行位的菩薩。講修行的方法，十行就是這麼樣修行的，達到梵行，把一切法都收歸到眞理。

我剛才講的「一心二門」，「二門」就是一個染法，一個淨法。心眞如就是淨法，心生滅就是染法。染法也是這個心，淨法也是這個心，隨眾生的機，就變成染了。隨順諸佛的行，達到諸佛的境界，就是淨了。染法、淨法，平等平等，爲什麼呢？一心。一個心生滅，一個心眞如。這是二門。這個心是住於生滅？還是住於清淨？下文就說了。

「心不住於身　身亦不住心　而能作佛事　自在未曾有」

這就達到自在了。我們認爲這個心在我身上，這是肉團心，這個心沒有作用的。心不住於身，那身在心裏頭住吧！身體住在心裏頭，身亦不住心，二俱無住，心不住於身、身亦不住心。心跟身是兩個？是一個？說一不可以，是錯誤的；說二也不可以。眞、妄，眞是心，妄是境。

要離開眞妄，因爲這是相對法。得達到無對，依著心體所起的變化隨緣。身就是變化所產生的，根身器界，這是有相的，實相分。什麼相呢？性體的相。性體本沒有，隨緣起業用，作諸佛事。實在是未曾有。用語言表達，只能顯示所說的語言表達不出來的，表達出來的都不是。

表達出來是妄，不是眞。眞？眞得默契，心不住於身，身亦不住心。這都從哪來的！身從何處起？心又從何處生？這叫性空隨緣，隨緣而不變。所以說心本來不住身。大家有沒有讀過《楞嚴經》？心不在內，當然不在身體之內，也不在外，那在中間了？心不住中間。

在《楞嚴經》是七處徵心，八番顯見，徵心就是心在哪？心無不在，而無不在。眞跟妄，眞妄就是你心裏所顯現的境界相，但是它能作佛事，自在未曾有。

「若人欲了知　三世一切佛　應觀法界性　一切唯心造」

這個偈頌把上頭所說的總結了！你要想知道過去現在未來諸佛，不去觀諸佛，那就觀法界的性體。觀性體，觀法界性，就是一眞法界性，一切唯心造。畫師畫的都是妄境。因爲不知道他的心哪？觀唯心造，一切法都是心造的。心造的什麼呢？能造成佛，不造妄，不造眾生，光造佛，常時作觀照。

觀照什麼？無念、無著、無作。你觀這世間上一切差別，什麼是眞佛？人家說：「佛在靈山莫遠求」，靈山在哪裡？「靈山只在汝心頭」！你的心就是了，觀你的心就好了。這就觀法界性的眞如門，一切世間相，「一念不覺生三細」，有念頭就生起細相來了，不覺了。外頭再加上境界的緣，就長六粗，這叫九相循環。業相、轉相、現相、智相、相續相、執取相、計名字相、起業相、業繫苦相，就造了種種的業。

一造業還不受報嗎？那就越轉越粗了。一造了業了，就跑不脫了，業繫苦。業就把你繫住了，業繫苦。但是你一觀法界性，這些都是唯心所造的，苦都解脫了，沒有了。就像你要做夢，被人家捆綁了！一醒了，什麼都沒有！哪有這個事？觀法界的心，眞如門，又觀法界的心，所造的生滅門，一個心眞如，一個心生滅，都是一心。

我們拜懺的懺本，都是「一心頂禮」。一尊佛，一尊佛，一心頂禮，五十三佛，五十三個一心，還是一心。達到一心，問題就解決了，這叫什麼呢？唯心識觀，在《華嚴經》叫法界觀。但是隨事就不同了，事事無礙了！這個是觀眞空絕相，絕一切相，達到成佛了。

但是這個就深了！意思是我們修的時候，不容易做得到。你常時心裏繫念，繫念什麼呢？先辨眞假，找眞斷妄。在你心所起念處，心裏起心動念，這全是假的。只要一起念，觀那個無念，那就是智慧了。所以須菩提問佛，「云何應住？」佛答了那麼多，就是告訴他，「心無所住」。心還有住嗎？無住，無住就無念，無住、無念，你應達到一心了。這個偈子就是這個意思。假使你想知道過去現在未來諸佛，欲了知過去三世一切諸佛，那你觀觀法界性吧！

這法界性是指觀心眞如門。這一心，什麼都沒有，清淨的。一切世間法，一切有形有相的，乃至諸佛，染淨諸法，那是唯心造的。法界性什麼都不造，唯是一心，知道一切都是唯心造的。我的心不造了，一念不起，什麼也沒有了，因為我們心裏有生有滅。若心裏達到無生，諸法無生，不自生、不從他生。經常這樣觀，業障自然就消失了，無業可造的，能造業的亡了。

那所造的業還存在嗎？華嚴的懺法，大乘了義的懺法，罪要怎麼懺？教你觀心！罪都是心造的，心都沒有了，誰來造罪？

「若人欲了知，三世一切佛，應觀法界性，一切唯心造。」這個偈頌念久了，什麼也不求了。無求也無得，求是得不到的，因此常作如是觀。

這不是一輩子、兩輩子就可以成佛。要相續不斷的觀，永遠不退，勇猛不退，得發長遠心。

用普賢十大願念阿彌陀佛

二〇〇九年　江西東林寺

念佛法門是至高無上的

大和尚慈悲，諸位執事慈悲，大眾師父慈悲。今天有機會到東林寺，我是來學習的。大家要我講一講，那我就以「用普賢十大願念阿彌陀佛」這個法供養大家。我們這裡是古道場，從慧遠大師創建念佛道場，迄今一千九百年，沒有變化；中間雖有時中斷，現在還能繼續。我們諸位道友能夠保持東林古道場的遺風，這是大和尚跟當家師慈悲。

我今天沒有帶什麼東西來，能向大家供養的就是法供養。念佛法門有很多種，不是只有念一句阿彌陀佛。每部經論都提到念佛法門，特別是《華嚴經》，《華嚴經》最後第八十一卷〈普賢行願品〉，普賢菩薩用十大願王導歸極樂。

念佛法門是至高無上的。社會上有一種評論說，念「南無阿彌陀佛」這個法門是一般在家老居士學的，像我們出家人要學禪定、學智慧。這個是錯誤的，因爲念佛法門三根普被。大家都知道《大方廣佛華嚴經》是佛經上的經中之王，《大方廣佛華嚴經》〈普賢行願品〉教授我們，以十大願王導歸極樂，十大願王就是一句阿彌陀佛，我僅以此來供養四眾道友們。

念一句阿彌陀佛　包含著重重無盡

普賢菩薩十大願是無邊無盡的，重重無盡的。其實我們念一句阿彌陀佛，這個裏頭包含著重重無盡。爲什麼念一句阿彌陀佛，功德無量、三根普被？佛在《彌陀經》上說，這是特別的法門，我們不要把它看成很簡單的。在此，我們就用十大願王來解釋。

我們念一句阿彌陀佛的效果、功力，在《華嚴經》上講是重重無盡法門。一佛攝多佛，多佛即是一佛，坐微塵裏轉大法輪，一微塵裏就包括三千大千世界。爲什麼？普賢行願力故，以普賢行發普賢願。我們這一句阿彌陀佛包括普賢行願，你念一句阿彌陀佛，你觀想我這是行普賢行願，那這句阿彌陀佛力量就大了。

一念南無阿彌陀佛　供養盡虛空徧法界無邊佛

念阿彌陀佛跟十大願王如何配合去觀想？普賢菩薩十大願，第一願是「禮敬諸佛」。

我們念一句阿彌陀佛，你用你的觀想力，觀想阿彌陀佛不可思議。阿彌陀佛具足了恆河沙微塵數無量無邊的世界諸佛，念一佛即是多佛，多佛即是一佛。《華嚴經》「禮敬諸佛」，我們把它收攝來，收攝就是一佛，這一佛就是一眞法界。

《華嚴經》講法界性，阿彌陀佛就是一眞法界。一眞法界包括了世界一切諸佛。我們念阿彌陀佛的時候，就是用阿彌陀佛的力量，禮敬十方三世過去現在未來一切諸佛。當你心裏一念南無阿彌陀佛，以這個佛號供養盡虛空遍法界無邊佛，現在的、過去的、未來的三世一切諸佛。我念一句阿彌陀佛，用我念一句阿彌陀佛的這個功德，供養十方三世一切諸佛。

這要如何理解呢？我們用世間的物質去供養，乃至於一切其他物質去供養，不如法供養爲最。我們念一句阿彌陀佛，稱讚阿彌陀佛聖號，這是我們修法。我們依此所修的法供養十方三世一切諸佛。在供養三世諸佛的時候要邊禮邊供養，你就念一句阿彌陀佛。你的思想一作意，我這念阿彌陀佛的功力是供養十方三世一切諸佛的。如果你思想這樣觀想，那你這一句阿彌陀佛那個效果、力量是不可思議的。

在供養的時候，你已經把所有的世界全變成極樂世界，乃至於娑婆世界也變成極樂世界了。這要如何理解呢？阿難曾經有一次問佛說：「世尊，您過去沒行菩薩道嗎？人家那些諸佛都是清淨佛國土，怎麼我們這娑婆世界這麼髒、這麼亂、這麼壞？」

釋迦牟尼佛跟阿難說：「這不是佛的問題，而是你們的問題，是眾生的問題。你想要看看佛的世界什麼樣子嗎？我就讓你看看娑婆世界是什麼樣子！」佛用足趾點大地，當時這個娑婆世界變成了微妙不可思議，就是跟一切淨佛國土一樣的。

因此我們念一句阿彌陀佛，如何能把娑婆世界變極樂世界？這叫法力。再加上你發願的願力，加上你念佛阿彌陀佛的功力，願力跟功力的法力結合到一起，娑婆世界就變了。

當你這樣念佛，你的心變得非常廣大，廣大到什麼程度？廣大像虛空一樣，就是法界性，廣大如法界，究竟如虛空。你念一句阿彌陀佛的力量，把它變成無窮無盡的功德。如果你這樣來念阿彌陀佛，阿彌陀佛的效果就大了。同時在你念佛即是禮佛，所以念阿彌陀佛就是

「禮敬諸佛」。

念南無阿彌陀佛　生起無量無邊的功德

但是在你念佛的時候一定要念如來的聖號，一定要念「南無阿彌陀佛」。念阿彌陀佛可以生起無量無邊的功德，讚歎佛無量無邊的功德，就在你一稱「南無阿彌陀佛」的時候。阿彌陀佛四十八願，你就觀想現前。阿彌陀佛利益眾生所有的事業，你觀想現前。阿彌陀佛以悲願力所建設的極樂世界，你觀想現前。這樣來稱讚佛號的時候，稱讚如來的時候，極樂世界是依報，這個依報特別殊勝，是阿彌陀佛願力所成。在你禮佛一定聯想到稱讚如來，一定得念「南無阿彌陀佛」，你才禮敬，這個就含著禮佛、讚佛。

一禮　三大願頓現

禮佛、讚佛一定要行供養。拿華供養，這叫事相供養。要是都沒拿，在你禮佛的時候觀想，我禮佛、念佛、稱如來聖號，這叫法供養。就要用前面兩大願成就第三大願「供養如來」，這叫禮佛、讚佛、供養佛，這三大願我們不把它分開，當你一禮禮下去的時候，三大願頓現。

但是你平日得用功！如果臨時頓現，現不了的。平日在禮佛念佛的時候，你就作如是想，把我們這個佛堂，你把它心裏作願，盡你能想，能想好大就想好大。完了再念佛，南無阿彌陀佛，這就是「稱讚如來」。阿彌陀佛包括了無量無盡的功德。在你禮佛讚佛的時候，這三大願是一願，禮佛、讚佛、供養佛，三願即是一願。

「禮敬諸佛」了，「稱讚如來」了，「廣修供養」完了，爲什麼我們達不到跟佛一樣？因爲我們是業障力，無量劫來所做的身口意障礙了，所以我們與佛無二無別的殊勝境界，不得現前。

觀想念阿彌陀佛的功力　懺悔我們的業障

禮佛、讚佛、供養佛之後，我們開始懺悔。所以第四大願就是「懺悔業障」。同時觀想我們以禮佛、念佛、念阿彌陀佛的功力，懺悔我們的業障。經上說，念阿彌陀佛一句能消我們八十億劫重罪。那你念念不斷的，你有好大罪？「罪性本空唯心造」。你現在的心盡是三寶，盡是阿彌陀佛，供養佛。這個讚佛、供養佛、禮敬諸佛，業障不就消失了！是這樣來懺悔業障的。

「罪性本空唯心造」，是我們自己心造的。現在我們心轉化了，念佛，念阿彌陀佛，我們心裏就具足阿彌陀佛的功德，禮佛、念佛、拜佛，自然業障就消失了。

「懺」是過去，「悔」是未來。過去我們無知，沒得智慧，多生累劫做了很多的錯誤。現在我們明白了，以佛的加持力，念佛的功德，這樣來悔改。以後生到極樂世界去，再不會造惡了。

第四大願「懺悔業障」，以我們念佛的功力，把我們業障就懺悔清淨。一句阿彌陀佛，就能消除你所有的業障。罪性本空，罪有體性嗎？罪沒有體性，是空的。那怎麼來的呢？唯心造，是你自己的心造的。現在你的心轉化了，變成佛法僧三寶的力量了，那個罪就沒有了。

所以普賢菩薩教我們「懺悔業障」是這樣的懺悔業障。並不是觀想每一件事，那樣的話無量劫你也觀想不到的。「懺悔業障」，不一定照著〈普賢行願品〉的經文，等你把經文讀熟了，就觀想你的一心，當你禮佛、敬佛、念佛、稱佛名號的時候，假佛的力量消除你過去無量劫來的所有業障。障，就因爲你過去做的業障住你不能成佛，你要是把這個業障挪開了，把它消滅了，你就成就了。

稱法界性　隨喜念佛功德

第五大願「隨喜功德」，除了懺悔自己過去的業障，看見一切諸佛菩薩的功德，一切眾生做的功德，我都隨喜。這是稱法界性的。普賢十大願王都是稱法界性，當你念佛的功力也是稱法界性的。十方世界一切眾生做好事的很多，我們只是隨喜念佛功德。在十方世界念阿彌陀佛的很多很多，極樂世界並不是我們娑婆世界生極樂世界，十方無量無邊世界都生歸極樂世界。那些做好事的所有功德，我們都隨喜。

假使就是我們現在娑婆世界，乃至說小一點，就是我們這個南贍部洲；再說小一點，就我們現在的人類五大洲，每一天做好事的人多得很。有的是我們肉眼能見的，有的是我們肉眼見不到的，我們能夠知道娑婆世界有好多像我們這樣的廟嗎？有多少聖人嗎？這是我們不知道的。但是我們發願隨喜功德，可以隨喜這個世界上所有的好事。其實我們在五臺山，文殊師利菩薩每一天教化眾生所做的好事無量無量，我們都隨喜不完。

只有你自己隨喜，這個力量很小。凡是你所認得的，盡虛空遍法界十方一切眾生要他們隨喜，隨喜十方諸佛。每一個世間都有十方諸佛在成道，就是我們現在這個世間很多大菩薩利益眾生，在無量世間利益眾生，你就發願隨喜，這個功德不可思議。你還擔心你生不到極樂世界去嗎？以普賢大願隨喜功德的功德，你就生極樂世界去了；而且是念普賢行願，以普賢行願求生極樂世界的，你生去的是上品上生。念普賢行願的生到極樂世界，華開見佛，頓悟無生，馬上成就普賢的行願，我想我們諸位道友都應當隨喜這個功德。

請轉法輪　跟佛學習

以下是第六大願「請轉法輪」。禮敬完了讚歎，讚歎諸佛的功德。諸佛在無量無邊的世界教化利益一切眾生，包括他行菩薩道的時候利益眾生，我們雖然沒有親自參加，但是可以理解到。怎麼理解的？因爲普賢菩薩教授我們知道的。

禮敬、讚歎、隨喜，完了「請轉法輪」，單提出來第六大願「請轉法輪」。前面說了讚佛功德，「稱讚如來」，「稱讚如來」什麼呢？一切諸佛所有利生的事業。例如說，釋迦牟尼佛已經離開人間三千年了；有的說是兩千五百幾十年。三千年也好，兩千五百幾十年也好，總之釋迦牟尼佛的化身我們沒看見了。是不是佛沒在世呢？沒有，釋迦牟尼佛並沒入涅槃。

如果我們大家念過《地藏經》，釋迦牟尼佛親自跟地藏菩薩說：「我在娑婆世界不僅僅是以佛身度眾生，什麼身都現，國王、大臣，乃至於六道眾生，佛都示現。」依著這個教義來說，佛並沒有入涅槃，不過身不是佛身了，示現同類身，他要度哪一類眾生就現哪一身。我們就觀想釋迦牟尼佛並沒入涅槃，還在世間教授我們。

我們現在沒有這個智慧，不能認識，但是我們可以在思想上做些迴向。所以這個第六大願「請轉法輪」，就跟佛學習，希望佛長久住世間，請佛常時說法。

請佛長久住世間　永遠利益眾生

第七大願「請佛住世」，讓佛長久住世間。因為釋迦牟尼佛的願力是常住娑婆世界，永遠利益眾生的。佛的身有三身，釋迦牟尼佛是化身。釋迦牟尼佛的報身是盧舍那佛，我們念《梵網經》，千丈盧舍那佛是報身。毗盧遮那是佛的法身，《華嚴經》所講的毗盧遮那佛就是法身，沒有入滅。現在佛的這個報身沒有住世間了；佛的化身，大化小化，既然是化，不一定化佛身。佛並沒有離開世間，普賢大願第七大願「請佛住世」，就是說讓佛現佛身住世，請佛住世的時候，佛的佛身不入滅。

這個願力，我個人是這樣修、這樣學，不要想佛的三十二相八十種好，就想佛是一般的老比丘，乃至於示現到人間。哪位能幫助我消業障、種善根的、住福田的，我們都把他當成佛看待，就當成釋迦牟尼佛住世。萬法由心生，說你的心力注意到什麼程度就想到什麼程度，是這樣的「請佛住世」。

「請佛住世」做什麼？說法。第六大願就是「請轉法輪」，請佛說法。我們看一切眾生，不論他是什麼人，只要他能說法，我們都把他當成佛看待。所以釋迦牟尼佛爲了一個偈頌，在因地當中捨身就求一個偈。「請轉法輪」是請佛住世，請佛轉法輪，這是普賢的行願。不止在娑婆世界，普賢的行願是遍法界的、盡虛空界的。一切眾生，如果那個世界沒有佛，請求請佛現世間，「請佛住世」。因爲佛住世了，眾生就能得離苦。我們經常發願，「但願眾生得離苦，不爲自己求安樂」，這不是虛的，我們要誠心誠意的這樣請。

「請佛住世」的目的就是請佛說法，這第六大願跟第七大願兩個是連著的，願佛長久住世。這個我們可以另外一個想法，只要還有佛像、還有經書、還有僧人，這是三寶長住世。佛像是代表佛的，大家讀《地藏經》，知道地藏菩薩在婆羅門女的時候，那是佛入滅了沒住世間，她一求佛就現身了。在我們這個國土，因爲我們沒求那麼誠，要是能誠誠懇懇的，哪一眾生誠懇求，與佛願相應了，佛就現身。

「請佛住世」就是請佛轉法輪，我們現在經書還在，經在，法在，就是佛在。曾經有個時期，從一九五〇年到一九八〇年，這三十年大陸上想找一部經書都找不到了，你見不到了。沒有了嗎？經還在，但是我們的福報消失了，業障現了，就沒有了。這是我親見的，親自遇到的。對於法，對於「請轉法輪」「請佛住世」這兩大願，我們要常時的發。在你請法的時候至誠懇切的，佛會向你現身跟你說法，那就是佛住世轉法輪。

隨佛所說　想佛所想　做佛所做

佛雖然沒住世，佛的法寶還在。我們每位道友，凡是佛弟子都能見到佛書，那是佛親自說的話，把它記錄下來，教誡我們怎麼樣防治你的身口意。佛的身口意，口如何說，身如何做，思想如何想。我們學佛學，就如佛的身口意，隨佛所說，想佛所想，做佛所做，這才叫眞正「常隨佛學」。

但是現在我們的四眾弟子，雖然說現在是末法，但是經在，法還在，僧寶還在，依僧所教導的轉佛的法輪，把佛所說的話教授給我們，我們能照著去做，佛教我們怎麼做，我們就怎麼做，這叫第八大願「常隨佛學」。佛如是做，佛雖然不在了，佛所說的法在，法就告訴我們，你心裏應該如何想，口裏應該如何說，身體該如何做。最起碼的身不造殺盜淫，口不說妄言綺語兩舌惡口，意不起貪瞋癡，這就是隨佛學了。

一句阿彌陀佛隨順眾生　增加他的福德

第八大願「常隨佛學」主要還是屬於自修。第九大願「恆順眾生」就不同了，「恆順眾生」這個大願非常難。我們每位道友都想想，「恆順眾生」不是我們這些三寶弟子！世間一切的造殺盜淫妄的、起貪瞋癡煩惱的這些眾生，我們怎麼能隨順他、怎麼能轉他？這是普賢的行願。

但是念佛的法門，我們就一句阿彌陀佛「隨順眾生」，增加他的福德。遇到造業的眾生，例如你碰到釣魚的、打魚的、殺生的眾生，如果你經過屠宰房，碰見殺生的眾生，大多數的道友都會「阿彌陀佛」、「阿彌陀佛」就念了。光念不行，心裡還得轉化，讓那個被殺的眾生聞到佛號就得度了。

我們恆順眾生的時候，你到那江邊或者海邊，碰見那些打魚的、釣魚的，你讓人家不釣？輕者，人家罵你；重者，會跟你吵嘴打架。你也沒必要制止他們，你在旁邊念佛就好了。你還要默念不要出聲，出聲人家也會跟你打架。因爲你一念佛，他釣不上來了，就怪你了。

行菩薩道的時候，你要「恆順眾生」，不是讓眾生隨順你，這一點我們很慚愧。對於善信的道友們，我們才能夠度、才能互相學。對於一切眾生不信三寶的，普賢菩薩要我們能隨順他們、轉化他們信三寶，這個非常難。

以前很多道友問過我，殺人、放火、土匪、強盜，我們能隨順他嗎？要是不隨順他，那不是十大願王了。恆順他！但是恆順他要轉化他。最重要的隨順他轉化他，這叫示現同類攝。比如他是人，我也示現人；牠是魚，我就示現魚來度牠。我們在五臺山，聽到文殊師利菩薩化現一個豬，在山西晉中那一帶，這個豬的名字叫勃荷。怎麼知道牠是文殊師利菩薩化現的呢？

有一個出家老修行，我們說老修行就指修道者，修道的人到山上來。他要下山，另一個老者就請託他：「老師父，我有一封信你給我帶上，這封信寫給勃荷的，你就交給勃荷就好了。」

既沒有地址也沒有說明，這個老修行就帶著下山了。在回去的道路上，突然間有一天走到一個農村，聽到農村裏邊喊「勃荷！勃荷！」他大吃一驚，這個地方他看看誰是勃荷？去了，一個養豬的養了好幾頭豬，那個豬的頭頭叫勃荷。這個養豬的主人一要殺哪頭豬了，就叫勃荷去叫。那勃荷就拿頭去拱，就把那個被殺豬拱出來。這一天那主人又叫勃荷，這老修行一聽到，這遇到勃荷了。

他進去一看是個豬。他想管牠是豬是人，就說：「勃荷呀！我給你帶封信，給你吧！」那豬就站起來了，把那信就接到了，豬就死了。

這說明什麼問題呢？就是文殊師利菩薩化現豬，那個豬的群眾當中一定有有緣人，文殊菩薩去度那個豬，度有緣人。我舉這個例子就是說明「恆順眾生」，這是普賢十大願最重要的大願。

我們念佛「恆順眾生」，隨眾生的業而轉化眾生的業，現在我們念阿彌陀佛是讓眾生順我，顛倒過來了。我們念阿彌陀佛，願眾生順我，這是不對的，不合乎普賢菩薩十大願。普賢菩薩十大願，隨順眾生，不違背眾生的意願，但是可讓他進入普賢行願。

一句阿彌陀佛有這麼大的功力嗎？因爲我們平常沒有這樣用心，文殊師利菩薩教授我們「善用其心」。在《大方廣佛華嚴經》，文殊菩薩教授我們初發心的時候，要行一切清淨行，那叫〈淨行品〉。〈淨行品〉的當中，文殊師利菩薩就教授我們「善用其心」。

我把文殊師利菩薩的話「善用其心」跟普賢菩薩的話「恆順眾生」結合起來。你隨順眾生時候要「善用其心」。你得會用心，不是馬馬虎虎隨順眾生的。眾生造殺業，你隨順他、轉變他的殺業，讓他能夠得度，這樣「恆順眾生」。恆順是不違背眾生，不是勉強讓眾生做。隨順他，而是加持他，給他一種力量。完了把這個十大願，念阿彌陀佛的功德力全部迴向給眾生。

「禮敬諸佛」、「稱讚如來」、「廣修供養」，這個三願作爲一組。

怎麼作爲一組呢？禮佛，讚歎佛，供養佛，這是一組。「懺悔業障」，單作爲一組。我們行的這些個善業、功德，我們要供養給眾生。普賢行願都是以眾生爲主的，供養眾生。

第四願「懺悔業障」，代眾生消業障。我們禮佛拜懺的時候，隨時念念不忘眾生，這就是普賢行願。無論你做點點滴滴的善業，一定想到給眾生迴向，也一定想到供養三寶，代眾生消除業障。

普賢菩薩十大願你會善用，就無窮無盡。「請轉法輪」、「請佛住世」、「常隨佛學」，這三大願作爲一組。佛住世才能說法，才能轉妙法輪。佛不住世，雖然是我們看經書，那個加持力不如佛親口所宣，你聽到那個加持力要大一點。但是你沒有這個善根，出在無佛時代。

但是你可以修觀想，把無佛時代做成有佛時代，常時觀想佛在現前，佛經常在你面前。事實也是，佛的法身常在你面前，佛的報身也常在你面前，佛的化身也常在你的面前。但是你的心，也就是我們念阿彌陀佛的心跟普賢的願結合到一起，所以十大願就是我們念佛法門最高深的用處。

念阿彌陀佛「隨順眾生」，「隨順眾生」讓眾生接受阿彌陀佛的教育，「隨順眾生」，轉化眾生。我們念一句阿彌陀佛，就想到一切眾生，讓一切眾生都能跟我一起念阿彌陀佛，都能轉化眾生供養十方三世一切諸佛，都能讓一切眾生得聞佛法，消滅業障。

普皆迴向　願一切眾生都得到阿彌陀佛的加持

最後的第十願「普皆迴向」，我們念這一句阿彌陀佛的力量，他的功力有好大呢？無量無邊。迴向的意思，迴自向他。我是一個念阿彌陀佛的人，我把我念佛的功德迴向一切眾生，願一切眾生都能得到阿彌陀佛的加持，都能得到阿彌陀佛的攝受。要這樣的迴向。迴自向他，就是把我自己的功德，念佛的功德迴向給眾生，讓一切眾生都能念佛。

念佛是事，在《華嚴經》講事法界的事，迴事向理。理是我們的心，一切眾生心，一切諸佛心，心心相應，三心一體。佛心、眾生心加我們現前這一念心，這三心毫無差別。一切眾生在迷，諸佛在悟，那我們能夠念阿彌陀佛，這是半迷半悟。完了把這個半迷半悟，把那一切迷的都轉向佛，都成了悟了。

今天我就用這普賢十大願念阿彌陀佛供養大家，說錯了的，我懺悔，說對了的，供養大家。阿彌陀佛！

淺說善用其心

二〇〇四年 山西五台山普壽寺

〈淨行品〉最注重的就是「善用其心」四個字。心，是很不可思議的。心的神通可大了。大家可以看社會上一切的人，不論士農工商、家庭、社會、國土，整個世界，都是一個心。心的奧妙之處，簡直不可思議。但是這個心有正、有邪。「善用其心」，都讓你正，千萬莫要邪。心正了，具足佛的一切德，這叫「善用」。

因緣不思議 叫善用其心

因爲有這麼個因，能遇著一切的善巧因緣。有這麼一個因，遇著另一些的因緣。遇見佛，遇到任何境界，都能使他達到不可思議，這叫「善用其心」。把你的心用靈了，就神了。把這個心用神了，就能具足一切的勝妙功德。

智首菩薩問了一百一十問題，文殊菩薩用四個字就答覆了，「善用其心」。「善用其心」，就說明這個心的勝妙功德不可思議。再說一切勝妙功德，諸佛之道，就是這個心成就的。心有什麼妙處呢？怎麼樣「善用其心」呢？能把一切障礙全斷盡。一切業障，使它清淨消除，這就叫妙，這叫不可思議！能夠獲得一切勝妙功德，「善用其心則獲一切勝妙功德」，並能消除一切業障，這就答覆完了。

善用其心　就能獲得佛果

「善用其心」就能獲得佛果，獲得佛的一切功德。所有佛教授的法，無有障礙。過去、現在、未來三世諸佛的道理就是把心用好。三世諸佛是什麼道理呢？三世諸佛是隨眾生而住，恆不捨離眾生。佛所說的教法你都能把它通達，一切惡你都把它斷了，一切善你把它做了，這樣就能成就普賢行願，與普賢菩薩相等。

文殊菩薩推崇普賢菩薩，智以普賢行願圓滿，就達到了佛的智慧，就成了佛了。所以在一切法上都能夠自在，「善用其心」，心自在故。心自在故，一切法上都能自在。在一切法上，你的心再沒有滯礙了，所以是佛的親子，這是眞正大法器，能夠盛一切法。這時候念、覺、悟，就是心。用你的念、慧解去證悟而不是解悟，這不是我們所說的開悟，不是成佛，開悟就是明白了。

佛現在沒有親自教導我們。如果從佛所教導的，把佛的語言變成文字，從文字使我們緣念，而能夠緣念修行，達到眞正的覺悟。這些都具足了，就是過去、現在、未來一切諸佛的菩提道。

你的心　千萬不要離開眾生

這是總說，但是怎麼「善用其心」呢？你的心千萬不要離開眾生，隨眾生住，恆不捨離。這裏頭有因、有緣，滿足一切眾生種種的欲，種種的希求，種種的善巧方便，給眾生作緣，緣能成熟。眾生的因是什麼？他具足有佛性，每個眾生的因都如是。善知識者就給眾生作緣，要隨眾生住，眾生要依著三寶住，三寶隨著眾生住。千萬莫要捨離眾生，離開眾生你成不了佛。

你要行菩薩道，要度眾生，但是眾生的要求不同。爲什麼佛有八萬四千法門？眾生的根性、欲望、環境，以及他所處的時代，正法、像法、末法。特別是末法眾生，他的障非常重，障重使他接近三寶的機會很少，遇不到。遇到了之後，他又有種種的內障、外障，使他不能夠得到依怙。因此，佛、菩薩，隨眾生住，不捨離眾生，這就叫行菩薩道，這叫菩提道，發大悲心。

佛法在世間不離世間覺，隨著世間相你都明了，明了你才能給眾生指出出路。如果你都不明白，怎麼去度眾生？怎麼讓他明白？第一個先得認識世間。在生活當中，什麼樣是覺？什麼樣是迷？迷了更迷，你只能給他指出來。隨眾生住是轉移眾生，有智慧引導眾生，讓他出離，給他作緣。對佛所說的諸法，你要先明了。你自己明了，而後才讓眾生明了。那佛所說的法才不會離開眾生世間相的，佛法在世間不離世間覺。

從以戒爲師　到善用其心

以前弘一老法師常給大家寫的字，「以戒爲師」，要以戒爲根本。戒就是我們的老師。我加了四個字，把〈淨行品〉的「善用其心」這四個字加上。弘老給人所寫的字，「以戒爲師」複印了很多，所有跟他的學生都給一個。我認爲「善用其心」比「以戒爲師」更廣一些了。本來是煩惱事，如果你「善用其心」，煩惱即菩提。本來是生死，「善用其心」，生死即涅槃。

煩惱明明是煩惱，怎麼會是菩提？菩提是覺悟的，你能覺悟到煩惱，煩惱還能把你束縛到嗎？你不覺悟，它就束縛你了。當煩惱的時候，你想一想爲什麼會煩惱？煩惱從什麼地方來的？煩惱消失了，你不要放過，要追查煩惱到哪去了？剛才很不高興，現在又高興了，這你要觀照，要追蹤了。追蹤就跟著他找，爲什麼諸佛菩薩在一切法上都是自在的？爲什麼我們在一切法上都是束縛的？這要研究研究。研究研究，就是思惟觀照。說人家罵我了，罵我是罵我的短處。他罵我的短處，他罵的對，我有，我就改，不但不煩惱還生起歡喜心，這就是「善用其心」。

他本來是要害你的，你把他變成正的。不認爲他是在害我，認爲他是幫助我成佛道，這樣你還煩惱嗎？所以在問跟答之中，答只是說「善用其心」，就是你剛一發心，發個「善用其心」，會用你的心。

在善惡關頭　怎麼善用其心

在善惡關頭，你怎麼「善用其心」？依著事、依著境，境就是外面的境界相。事，每一件事情，你怎麼發願？「善用其心」，聽來好懂，做起來非常難！我們所謂的利害關頭，生死休咎，在利害得失之間，這就看你的道業，看你的善根力。這當然有過去的，但主要是現在，你能「善用其心」嗎？

善用其心　能夠使誓願堅固不動搖

〈淨行品〉的每一個偈頌都加上「願」字，願是什麼？誓願，堅固你的心。把你「善用其心」這個善，堅固不動搖。煩惱業，一個煩惱一個業，一個現行的，一個過去的。那時候心裏就不直了，彎彎曲曲的，這就是曲業。面對身口意三業的過，現在「善用其心」，把它翻過來。翻過來怎麼翻？業變成德，把三業的業變成德。願什麼呢？願一切都成善法，成就善業，所以叫「善用其心」。念念使你的心成就善業，成就佛果。這樣才是佛門的法器，也就是盛法的器皿。

所謂的「大是大非，不拘小節」，不是我今天這個戒犯了、那個戒犯了，這是小事。一個成佛，一個墮三塗，在我們，誰都選擇要成佛，但是做起來可就是墮三塗了。這得有智慧，要「善用其心」。「善用其心」這四個字，看起來很簡單，做起來可不是那麼容易。

另一種善用其心　不昧因果

另一種，你怎麼「善用其心」？對未來的因果，在因果律當中，無窮無盡的因果當中，不昧宿因。自己過去的善因一定要保持，惡因一定要消失。在身口意三業之間，能夠「善用其心」，這不是語言，也不是文字。用你的思惟，用你的智慧觀察。不要爲現世身心一時的幸福，這會給你帶來無量劫的、千百萬億年的災害。要分別清楚，這樣才能「善用其心」。又能夠覺察寧捨現世的一段的生命，得到無量劫的法樂、法喜。

「善用其心」，莫忘三寶。你的心，這是常的，你這個身是分段的，很快就消失了。現在我們大家所有在座的，誰也再活不到一百年，這也是肯定的。不肯定的是，在這一段的時間，我所做的都是三寶的事，成就道業，了脫生死，解脫自在，向這個目標精進，這是我們的願。發這個願，願它成就「善用其心」，成就我們的道業。

善用其心的好處　障礙消除

「善用其心」，第一個好處是什麼呢？障礙消除。要得到勝妙的功德，障礙消除才能得到。這個時候使你緣念，念佛、念法、念僧，念佛法僧三寶，那時候你的心就無罣礙了。現在我們普遍的現相是學佛法的時候，學不通，學不懂進入不了。修行呢？又修行不起來，障礙很多。一種是外界的，一種是心裡的，不過主要是心裡的。三世諸佛所有走的道路，過去、現在、未來就是諸佛之道，你不能進入。過去沒有進入，沒能成道，現在你又趕上末法，佛不住世。未來的諸佛成道你能遇到、遇不到？有沒有這個因緣？

一切諸佛行菩薩道成佛的時候，就是爲了利益眾生，是以眾生爲根本。那你怎麼「善用其心」呢？隨眾生住、隨眾生行、隨眾生的種種類類。眾生的種種類類，你變螞蟻也是一類。有沒有菩薩在螞蟻道裏行菩薩道的？一定是有，使螞蟻能變成人。

所以「善用其心」就要隨眾生住，住在眾生當中，恆不捨離眾生。不捨離的意思就是不離開眾生，一天跟眾生在一起。在這個時候，想讓眾生得到好處。這個好處是指出世間的，不是指世間的升官發財，讓生活好一點，並不是這個意思。得到的利益都是出世的利益。你怎麼讓他得到出世的利益？這不是簡單的，這要「善用其心」。在佛的教法當中，有的是表理的，有的是表事的。表事的叫你在做事的當中，你怎麼樣觀想，把理貫穿到事當中去。

修行聞法，或者打坐、靜坐，或者念佛，你怎麼又能把事情轉歸於佛法。說起來很容易，我做事，把世間事都把當成佛法。可是你怎麼當成佛法？怎麼「善用其心」？你這個心念是不停的在動！在殿堂打整清潔的時候，你在想什麼？注重「善用其心」，你在想什麼？是清到外頭的塵勞嗎？還是清你心地的垢染？問題在這兒。你掃地的時候，澆花的時候，也要清除心裏的垢染，這才叫斷貪瞋癡。

怎麼斷貪瞋癡

怎麼斷呢？我們只知道磕頭、禮拜、念經，不曉得你所做的一舉一動都在修行，都在念經。你不能夠轉染成淨，也不能轉事歸理。佛所教授的方法有事、有理，「善用其心」就是要你在理上通達了，一切事上都通了。生老病死、生住異滅一切諸法，這都屬於事。用你的心這麼一分別，分析諸佛的「體相用」，就是「大方廣」。能這樣想嗎？這都是華嚴境界。你分析「體相用」，什麼是體？什麼是相？什麼是用？這是契入實相。沒證得的時候，在心裏想，就是把一切世法，一切生滅法都把它轉成了實相，這叫通達。不通達呢？不通達你就不能夠斷惡行善。連什麼叫善？什麼叫惡？還沒有分別清楚。殺人放火，這是惡。菩薩行菩薩道的時候，有時也要殺人放火，那就不是惡了，是大善。

但是你如何「善用其心」？你得通達，這叫斷惡行善。什麼是惡？什麼是善？這就靠你的判斷力。有時候菩薩做逆行，逆行是不順佛的教導，那是大善。有些菩薩他不斷一切惡，在一切惡上把一切惡變成眾善，但是你得有這個本事。到了大菩薩，登地的菩薩，他事理分明，何去何從，他有智慧，這叫「善用其心」。這個心我們還用不到，還沒有這個智慧。斷一切眾生的惡，一點小惡都不讓眾生有；行一切諸善，一點小善也不遺漏，這就包括一切。

「做好事難！」我聽到好多人常說這句話。我聽見了覺得莫名其妙，我不知道他的難在什麼地方。先從眾生心上說起，完了之後再說菩薩心。

眾生心是什麼？等他受到苦了，苦加到身上了，他才知道禍事來了，才知道是苦。在平常，什麼也不在乎，但事情變化了，一切事物不停的運動，不停的變化。這個壞事、這個惡事落在他頭上了，才知道大苦臨頭了，這時候才想找解脫，晚了。

這件事情還沒有來，要先知道，要先認識它。我們很多心裡上的作用，思想上的作用，不能「善用其心」。一天的不「善用其心」，心向外遊，心遊道外。事情沒有落到他頭上，看到別人跟他沒有關係。等落到他頭上了，他是會變化的。托個人情，開個後門，心想就躲過去了，不是這麼回事，這是他不會「善用其心」。小過錯不注意，等小過錯積多了，可就大過錯了。等大過錯的時候，錯已鑄成，想不受報，辦不到。學佛法的弟子，就從他的心念注意起。

閱藏的利益

我們都講好處、講利益，那我就跟大家講一講閱藏的好處。一九三二年（民國二十一年），我在鼓山湧泉寺，大家知道在臺灣的印順導師，他比我大十歲，活了一百歲。在鼓山的時候他當學生，慈舟老法師讓他代課，沒有講幾天他就吐血了。吐血是什麼病呢？肺結核。醫生說他活不了好久了，沒法治，他就把鼓山的課辭掉了，回到普陀山的小廟福壽庵。現在福壽庵是普陀山的男眾佛學院，重新改建了一下。

他回福壽庵去閉關閱大藏經。等藏經閱完了，肺結核病也好了。他的一生，盡在病中。他在臺灣辦的佛學院，叫福嚴精舍，現在在美國、紐西蘭，有好多僧眾都是他的弟子。他是閱大藏經得到好處的，太虛老法師也是閱大藏經開悟的。現在沒聽說誰閱大藏經得到好處。

這形容什麼呢？佛所說的經，有很多是對我們有利益的法。我們沒有看，那法就漸漸的斷了。斷了就隱沒了，隱沒了就沒有了。我們要想弘揚大藏經所有的法，不可能的。都是一兩部經，講的是前人沒有講過的。像《占察善惡業報經》、《大乘大集地藏十輪經》，屬於《地藏三經》裏的。弘一法師根據明末蕅益大師的教法，專門弘揚地藏法門。

弘法 要知時知機

我們在弘揚佛法的時候，時地事物要搞清楚，別發生障礙。發生障礙，法不但弘揚不好，反倒會破壞佛法。這個時候不適合，要知機。你得「善用其心」，別把根本忘了，別只當故事聽，把心用錯了，就不知時。我們經常說，你這個人怎麼不知時務。要知時務，要知時，要知處。

我們在講課的時候，美國有好多法師同時在講，這也在講，那也在講，有的人他愛到這個老和尚這兒聽法，有的愛到那個老和尚那兒聽法。爲什麼？他說我跟那個老和尚沒有緣，我聽他說的，我不愛聽。這叫什麼呢？緣！

「善用其心」，你還得知道人家跟你有緣沒緣。跟你沒緣，他聽你說，是胡說八道的。他跟你有緣，你說什麼他都聽，說什麼都好。這叫什麼？緣法。知時知處，你還得知道因緣和合不和合。緣是不是可以的？緣能生起一切法，無緣生不起來。不是你講得好壞，那是另一回事。你先說你有緣沒緣。所以「道不虛行」，道沒有空虛的，又有說「法不孤起」，遇了緣了，他就應了，「遇緣即應」。假使我到這間寺廟說，我跟你講講〈華嚴經〉，沒誰聽你的，那麼長的時間，誰來聽你講〈華嚴經〉，不可能。現在有緣了就可以聽，一切法都如是。

有緣沒緣，這個緣建立在什麼上呢？聽了人家得到好處沒有？現在都從利害關係上著想。我們每天有時都接觸那麼多人。問這個問那個的，看有緣沒緣。有緣，你給他一解說，他眞正得到實際利益。得到什麼利益呢？像公司倒楣，做不起來了。一拜佛，求佛菩薩加被，公司好轉了，他當然信。他信的是發財，不是了生死。

如果有病的，醫生說沒法治了，癌症三期已經擴散了，癌細胞已經擴到全身了，不能治了，這時候他才想求佛菩薩。佛菩薩是不嫌棄一切的，求就行。但你要付出。他就付出，禮拜、供大眾僧，你叫他到寺廟供大眾僧，他就供。叫他禮拜懺悔，他就懺悔。他的病好了，吃得臉又紅又胖的，癌症也沒有了。如此一來，不但他信，也度了他的周圍親友。

菩薩就有這個力量，這個力量是他的緣。有人說：「老和尚，是您叫他念〈地藏經〉，拜占察懺，他好了。」我說：「我只是個介紹所，他拜的也不是我，他拜的是地藏菩薩，他念的是〈地藏經〉，他修的是占察懺」。我在中間當個介紹人，他信了就去做，不信就算了。

我們佛弟子宣揚佛法就是介紹，介紹讓他知道佛、知道法、知道僧。因此要知時，知道因緣。他在病苦當中，或者他在社會上沒有辦法解決的，完了求佛法，他一求，他好了，他就替我們弘揚佛法了。

說法的因緣

但是，這個因緣說起來很長的。有時候是過去的因緣，有時候是今生的因緣，緣不同。過去有位老和尚，他學了很多年，佛法學得很精通，道理也講的很明徹，辯才無礙。但是說法就是沒有人聽，他非常的難過。有一個道友跟他說：「這沒有什麼困難的，我們結緣去！把你所有的都變成錢，去買糧食。」他跟他倆把好東西都賣了，賣了買成糧食到山裏散。他說：「你現在不要講了，閉關修行，二十多年後你再講。」他聽他道友的勸，就這樣做了。二十年之後，他開始講經，聽經的人很多，一看！都是二十來歲，大歲數的沒有。因為這批人跟他有緣，他散糧食時念了很多經咒，那些飛禽都變成人了，來聽他講經了。

要懂得這個道理。我常跟我們很多道友說，你看你的緣法不大，你坐飛機、坐火車、坐輪船，特別是超級市場，到北京王府井大街，或者西單商場那一帶，你去吧！人很多，別管他信不信，你嘟嘟囔囔地在心裏念咒，別念出聲。念出聲了，警察會干涉你的。在心裏念，念咒也好，念經也好，念佛法也好。等你來生再當大師父的時候，你能度很多人，很多人都得度。這叫結緣，「未成佛果，先結人緣」。

全部力量注重在佛法僧三寶

我們今天講的都是「善用其心」，你看一部經很尊重，見了佛像很尊重，當眞的，別當假的。假的就是眞的，眞的就是假的，那樣效果就出來了。這就是「善用其心」的效果。

總的來說，你的行住坐臥乃至睡覺，你在睡覺的時候，念「歸依佛、歸依法、歸依僧」。或者你會念哪個咒，你念念。或者哪部經，你最喜歡的念上兩句。別的不會，「歸依佛、歸依法、歸依僧」，誰都會的。受了三歸，你還不會？就念「歸依佛、歸依法、歸依僧」，念念睡著了。這也是「善用其心」。早晨一睜開眼睛，第一個念頭就是「歸依佛、歸依法、歸依僧」，說明你的心全部力量就注重在佛法僧三寶，這叫「善用其心」。

不要往高深的義理去想。高深的不懂，你也不會，這樣就是「善用其心」，這就是行普賢行願，不要看深了。越是深的地方，你用不上，回頭來在最淺的地方入，從最淺的能達到最深的，最淺的跟最深的是一個心，一個心就是「善用其心」。

一切動作　都在善用其心裏頭

「善用其心」大家都會說，恐怕我今天所講的「善用其心」，你們沒有想到這麼多吧？「善用其心」的意思非常多。總而言之，行住坐臥，立著，坐下來，吃飯，穿衣服，屙屎撒尿，一切的動作、全部的普賢行願都在「善用其心」裏頭。你能這樣解釋「善用其心」嗎？文殊菩薩答覆智首菩薩的，這四個字已經夠了，直至成佛。

每天睡覺的時候　怎麼進入的？

如果你每天睡覺的時候，從睡眠進入昏沈的那段時間，你是怎麼進入的？就這一念。你能明白嗎？早晨一睜眼睛醒了，一睜開眼睛，你能明白嗎？怎麼進入的？怎麼清醒的？你進入是糊裏糊塗，你醒了，還是照樣的糊裏糊塗。因此，你念的力量，心念的那一念很不容易的。

我剃度時　連佛法是什麼也不知道

別人剃頭是怎麼想的，我不知道。當我剃頭的時候，連佛法是什麼也不知道，寺廟也沒看過，和尚也沒看過，做個夢到那裡就出家。當我落髮的時候，我的理解是什麼呢？「我已經死了。」一切都沒有了，再生爲人，這個人不是那個人了。我心裡當時還這樣想：「一切都完了。我已經死了，再次做人。」又聽師父一講，這叫遁入空門。我說：「不空，大殿裡頭什麼都有，我進了門裡頭不空。」他笑笑說：「你什麼都不懂。」

我是什麼都不懂，剛來怎麼會懂？他說這叫進入空門。哪裡空？不空，這就是進入佛教。一進這個門，漸漸地學才知道，空門不空。「無相無作」，我最初看無相無作，以爲當了和尚什麼都不要幹了，什麼也沒有，什麼事也不要做了。錯了，無相是無不相，還多了佛法的一切諸相。無作，什麼都要做，正因爲無作，你才什麼都能做。大家懂得嗎？

到文殊菩薩佛母洞　能得智慧

你說文殊菩薩是男的是女的？答覆不出來。生小孩，只能女人生小孩，男人能生不？五台山的佛母洞，我們都到那裡去過。凡是朝過佛母洞的，我們又重新生一次，文殊菩薩把我們生下來的。到了佛母洞，你進洞去，做這個觀想能得智慧，不做這個觀想沒有。

一天當中不曉得有好多人進佛母洞，眞正得到利益的、得到好處的，恐怕很少！這也包括出家二眾在內，他不理解般若智慧母是諸佛之師。文殊師利菩薩孕育我們，這叫智慧孕育。你能這樣用心嗎？這都是「善用其心」。

早晨醒來　晚上睡覺　如何觀照？

你早晨醒來，晚上睡覺，你能夠理解自己是如何從昏迷當中醒來的？我自己如何迷迷糊糊就進入睡眠狀態了？怎麼進入的？怎麼出來的？參去吧！這沒有辦法說明，各人有各人的境界。當我們出家那天，你有怎麼樣的看法？你對於你所做的夢，眞的假的？夢都是假的，哪有眞的？有時候它是眞的。眞的還是假的，假中之假，假中之眞，眞中之假，眞中之眞，要是分別起來有很多的。

受戒時如何觀照？

還有，大家想一想受戒的情況。當羯磨師給你作羯磨，當教授師問遮難，你如實答嗎？我們的道友，你都如實答的嗎？即使你如實答，你懺悔清淨沒有？「已淨。」都答已淨。可是你連業障門都還沒有進入，如何還已淨呢？一點都沒懺悔掉，還在業障堆裡頭，還不知道怎麼用心呢！你還沒學「善用其心」。沒學「善用其心」你能懂嗎？這個都要你「善用其心」去想。

所以有好多事物，必須經過「善用其心」，我們以前叫「觀照」，這回文殊師利菩薩沒有用術語，而是用「善用其心」。沒說你去觀照觀照，這都要靠你思惟，思惟出智慧。我們每位師父，單指出家二眾來說，你必須十八歲以上，最好是二十歲。當師父給你剃頭，你的心情是什麼？這非常重要，關係你一生的修道成道，這個唯有自己才能明白。等你「善用其心」了，自己才能明白自己，否則自己明白不了自己。

自己還不知道自己？就是因爲自己不知道自己才學佛。學了佛，自己還得用好多年的功夫，也許能達到明白自己。像我很不長進，現在出家七十多年了，不明白自己。你們或者認爲我說假話，一點不假，眞正不明白自己。生從何處來？死後向何處去？明白嗎？怎麼來？怎麼去？能夠來去自由，什麼都明白了，這才入門，距離成道還遠得很。

明白了之後再起修，那叫眞修。到了初住菩薩，就能示現到一百個世界成佛度眾生，他只是相似，還不是眞實明白了，眞實證得了，還差很長很長的一段路要走。

善用其心　就是你要會觀想

學了佛，按佛教授我們的方法去用，這是「善用其心」。假使你這個心「善用其心」，會用會想的時候，就具足了普賢色相。《華嚴經》是推崇普賢菩薩的。我們的語言、形相、一切的行爲，都納入普賢行願。你所做的事，所發的願，你要做任何事情，先有個希望，要達到的目的，這就是願。願能引導你的行爲。要做任何事物，必須先有個規劃，得有個願力，有了這個願力，你的行爲才不會退。

出家之後，你的願望是想得到解脫，想成佛。但是你怎麼樣做呢？你要會用心。在一切事物當中，你都能得到自在。我們想要得到般若智慧，般若智慧是無礙的，要達到這種自在的境界，那你不管做什麼事，觀一切法皆空。把你的心用在上頭，觀一切法皆空。空還能障礙著你嗎？空就障礙不到你了。

假使你能觀到空，經常觀這個房子是空的。當你觀成功了，門擋不住你了，牆擋不住你了。四面是大火災，大火把你包圍了，火性是空的。掉到水裡去了，你的心裡沒想到這是水，就想到水性是空的。等你觀想成熟了，就把你帶到空中去了。

觀自在菩薩就觀想成熟了

觀自在菩薩就觀想成熟了。大家念《心經》時，觀自在菩薩照見五蘊皆空，五蘊都是空的。他把心全用到空上，整個的心觀到空上去了。他的身體沒有了，整個的身就變成心，那你就照見五蘊皆空。同時你經常這樣觀，你就看破了，放下了，自在了！那就沒有煩惱，這就是「善用其心」。

觀察一切人事物的變化 就是善用其心

不論看人、看事物、看一切變化，你這種觀察就是「善用其心」。那個觀空並不是一下就空的。他是修道，經常這樣觀，他把整個的思想注重到一切都無常，一切都空的。等到這個時候，你才能夠當第二導師。第一導師是釋迦牟尼佛，你能夠這樣做，能夠這樣去觀，你就是第二導師，僅次於佛。跟文殊、普賢、觀音、地藏、彌勒這些大菩薩平等平等。

文殊菩薩讚歎說你一發心，經常依著〈淨行品〉去做，把〈淨行品〉變成法門，就是淨行。「行」是作用義，那你一切都清淨，得到殊勝功德。因此你能「善用其心」，「云何用心，能獲一切勝妙功德？」那是你把心用到了。

「佛子 菩薩在家 當願衆生 知家性空 免其逼迫」

這是具體的「善用其心」。「菩薩在家，知家性空」，意思就是一切都解脫了，這是最根本的。所以菩薩在家的時候，願一切眾生知道，家是空的。這個空是性空的，它的體是不存在的。相，暫時是有的，最後歸於空。所以要攝相歸空，要攝相歸性。歸空，空還有什麼纏縛嗎？纏縛不住你。所以菩薩在家，要能夠隨順一切世間，不違背世間。菩薩在家，不違背世間相，不違背世間法。

像諸位道友能遇到大乘經典，能夠學戒定慧，以戒爲師。在戒，一定要知道戒的涵義，防非止惡。防一切非，不該做的不做了，止一切惡事，要這樣理解。所以每個戒條，都是別別解脫。戒的涵義是別別解脫，不是別別束縛，每一條都是解脫的。

但是這個道理很深，不是戒條的明文，而是它的涵義，涵義就是不作諸惡。「當願眾生」，就是叫你「善用其心」。文殊師利菩薩跟智首菩薩說的這句話，不止貫徹〈淨行品〉整部經文，還貫穿到你的一切行爲，你的言語、你的思惟。念念的思惟，讓它得到解脫，千萬不要得到的是束縛。得到束縛不是「善用其心」。大家對這個「善用其心」，要好好的護念，好好的想！希望我們人人都學習文殊師利菩薩教授我們的「善用其心」。

「自歸於佛　當願衆生　紹隆佛種　發無上意」

「紹隆佛種，發無上意」，在我們受三歸（皈）的時候，這兩句話不是這麼說的，而是「體解大道、發無上心」。一般受三歸的時候，都是讓你體解大道、發無上心。文殊師利菩薩卻教導我們，要紹隆佛種、發無上意。自歸依佛之後，要做的第一件事，願一切眾生，「紹隆佛種、發無上意」，使佛種不斷，法常住世，這叫續佛的慧命。「發無上意」就是發菩提心，發無上心。

「自歸於法　當願衆生　深入經藏　智慧如海」

法是種種樣樣的事物，所以叫種種法。每一個樣就是一法，每一個事物就是一法。法又是什麼呢？方法。每做一件事都有個方法。你學木匠，學泥水匠，隨便你學什麼都有個方法。你要學佛也有個方法，這個方法可多了，大概有八萬四千，其實不止八萬四千。每一個眾生有每一個眾生的根機，每一個眾生都有他的愛好。

先不說眾生，光說人類，我們都是人。人跟人不同，有什麼不同呢？不只是相貌不同，心也不同。我們這裡有好幾百人，各個想的不同，同時來聽經，同時來這裡學習，都是不一樣的。而且見聞覺知，眼睛所看，耳朵所聽，心裡所了解的，深入知道的。這就有種種的法。

必須得學習，深入經藏，你才能開智慧。這是形容歸依法之後，願一切眾生都能夠深入經藏，智慧像海一樣。那必須證得性空無我，了一切諸法無人相、無我相、無眾生相、無壽者相。證得空，你先要不空，由不空而去證得空，證得空了而又回入不空，成就一切法。這個時候再去觀一切法，沒有一樣是眞實的。如果人人都這樣，還有爭論嗎？還有鬥爭嗎？還有刀兵劫嗎？沒有刀兵劫，那就沒有水火，沒有自然災害。災害是人爲的，心先壞了，一切事物都在往壞的方向變化。

「自歸於僧　當願衆生　統理大衆　一切無礙」

雖然是三寶，實際上就是一體。先講住持三寶。所謂的僧寶，有聖僧、有凡夫。爲什麼你專門看見凡夫？因爲你用凡眼去看，所以所見的都是凡夫僧。你要用聖眼看，不去分別，千萬莫謗三寶。三寶不論好壞，你認爲是壞的，其實這是示現的，不是眞實的。你有福德才能見到好的。文殊菩薩說：「五臺山凡聖交參，龍蛇混雜。」那你用什麼眼看？用慧眼看。什麼叫高僧？爲什麼聖僧他不現呢？一者你沒有那個福報，二者沒有那個緣份。

還有眾生的分別心，他是不平等的。若有聖僧，都去供養聖僧了，那凡夫僧就餓死了。聖僧他不會現的，平等平等的。「紹隆」是紹隆三寶，佛是佛寶，特別是經藏。如果沒有經了，你還學什麼呢？所以當遇見佛法僧三寶，第二句話都一樣的，「當願眾生」，願一切眾生都能紹隆三寶，願一切眾生都能得聞佛法，願一切眾生都能和合的，自性和合的僧寶。「紹隆佛種」，必須得僧人，佛種才能住世，因爲僧人代表三寶。

每位道友都是從受三歸開始起的。但是這個甚深的道理，有時候受三歸的師父會講，有時他不講。你要是懂得這種道理了，自性三寶就是你自己，那就深入了。深入什麼呢？佛者是覺，法者是覺悟的方法。怎麼樣才能覺悟？當你用這種方法覺悟了，又把這種方法教一切眾生都覺悟，這就是法寶。佛跟法和合，住世的是僧寶，沒有僧寶，住世佛法就滅了。三寶是聯繫在一起的。懂得這種道理，你就知道三寶的重要性，你學什麼都不離開先學三寶。

「以時寢息　當願衆生　身得安隱　心無動亂」

臨睡覺了，還得發願。發什麼願呢？「以時寢息」，這是佛規定的。我們臨要休息的時候，常住有常住的規矩，個人的作息時間有個人的作息時間。願衆生睡覺的時候，老老實實的睡覺，「身得安隱，心無動亂」，身要是動亂不安穩，心就不安定。我們道友有沒有失眠的？在家人失眠的太多了，要吃安眠藥，安眠藥多吃一次兩次，最後安眠藥也不靈了。

爲什麼睡不著覺？他的心動亂，身不安穩。好多在家的道友，憂愁公司的事、人我是非的事、家庭不和的事。要睡覺的時候，一家子人吵吵鬧鬧的，倒到床上能睡得著嗎？因爲他的身不安穩，心在動亂。心一動亂身不安穩，身不安穩嗎？心裡煩惱了，身也就動亂了。你該睡覺就去睡覺，身體疲勞了，該休息時候要休息。當你睡的時候要念這個偈子，同時要觀想，觀呼吸也可以，或者念佛。我都囑託受三歸的弟子，常念「歸依佛、歸依法、歸依僧」，臨睡覺的時候想的就是佛法僧三寶。一驚醒的時候：

「睡眠始寤　當願衆生　一切智覺　周顧十方」

現在有的道友能夠一睡就睡一天。六十歲以前還可以，六十歲以後不行了。從七、八十歲到九十歲，夜間要起來好幾次，起來又倒下去睡，那也算心得安穩。這是生理的關係。

「周顧十方」，是說佛的智慧，具足佛的智慧才能周顧十方。知覺一恢復，他能周顧十方。這個時候要發願，剛一恢復知覺也要發願。我們一般是勸一切眾生「念佛、念法、念僧」，那麼二十四小時就可以前後銜接起來，晝夜不離開佛法僧三寶。這個時候，文殊師利菩薩就稱讚智首菩薩說，一切菩薩行菩薩道，如是用心，能獲得一切的殊勝功德。

國家圖書館出版品預行編目資料

正念 / 夢參老和尚主講 ; 方廣文化編輯部編輯整理.
— 初版. — 臺北市 : 方廣文化, 2016.08
面 ; 公分
ISBN 978-986-7078-76-6(精裝)
1.佛教說法 2.佛教修持
225 105010157

正念

主　　講：夢參老和尚
編輯整理：方廣文化編輯部
攝　　影：仁智
出　　版：方廣文化事業有限公司
住　　址：台北市大安區和平東路-
電　　話：886-2-2392-0003
傳　　真：886-2-2391-9603

◎地址變更:2024年已搬遷
通訊地址改爲106-907
台北青田郵局第120號信箱
(方廣文化)

劃撥帳號：17623463 方廣文化事業有限公司
網　　址：http://www.fangoan.com.tw
電子信箱：fangoan@ms37.hinet.net
裝　　訂：精益裝訂股份有限公司
出版日期：公元2018年9月 初版3刷
定　　價：新台幣180元 (軟精裝)
經 銷 商：飛鴻國際行銷有限公司
電　　話：886-2- 8218-6688
傳　　真：886-2- 8218-6458
行政院新聞局出版登記證：局版臺業字第六〇九〇號
ISBN： 978-986-7078-76-6

No.Q907 Printed in Taiwan

方廣文化出版品目錄〈一〉

夢參老和尚系列

書籍類

● 華 嚴

H203 淨行品講述
H224 梵行品新講
H205 華嚴經普賢行願品講述
H206 華嚴經疏論導讀
H255 普賢行願品大意
H208 淺說華嚴大意
HP01 大乘起信論淺述
H209 世主妙嚴品 (三冊)【八十華嚴講述 ①②③ 】
H210 如來現相品・普賢三昧品【八十華嚴講述④】
H211 世界成就品・華藏世界品・毘盧遮那品【八十華嚴講述⑤】
H212 如來名號品・四聖諦品・光明覺品【八十華嚴講述⑥】
H213 菩薩問明品【八十華嚴講述⑦】
H214 淨行品【八十華嚴講述⑧】
H215 賢首品【八十華嚴講述⑨】

● 地藏三經

地藏經

D506 地藏菩薩本願經講述 (全套三冊)
D516 淺說地藏經大意

占察經

D509 占察善惡業報經講記 (附HIPS材質占察輪及修行手冊)
D512 占察善惡業報經新講《增訂版》

大乘大集地藏十輪經 D507 (全套六冊)

D507-1 地藏菩薩的止觀法門 (序品 第一冊)
D507-2 地藏菩薩的觀呼吸法門 (十輪品 第二冊)
D507-3 地藏菩薩的戒律法門 (無依行品 第三冊)
D507-4 地藏菩薩的解脫法門 (有依行品 第四冊)
D507-5 地藏菩薩的懺悔法門 (懺悔品 善業道品 第五冊)
D507-6 地藏菩薩的念佛法門 (福田相品 獲益囑累品 第六冊)

方廣文化出版品目錄〈二〉

夢參老和尚系列

書籍類

● **楞 嚴**

LY01 淺說五十種禪定陰魔—《楞嚴經》五十陰魔章

L345 楞嚴經淺釋 (全套三冊)

● **天台**

T305 妙法蓮華經導讀

● **般 若**

B410 般若波羅蜜多心經講述《合輯本》

B406 金剛經

B409 淺說金剛經大意

● **開 示 錄**

S902 修行 ①

Q905 向佛陀學習【增訂版】②

Q906 禪・簡單啟示【增訂版】③

Q907 正念 ④

Q908 觀照 ⑤

DVD

D-1A 世主妙嚴品《八十華嚴講述》(60講次30片珍藏版)

D-501 大乘大集地藏十輪經 (上下集共73講次37片)

D-101 大方廣佛華嚴經《八十華嚴講述》

(繁體中文字幕 全套482講次 DVD 光碟452片)

CD

P-05 金剛般若波羅蜜經 (16片精緻套裝)

錄音帶

P-02 地藏菩薩本願經 (19卷)

方廣文化出版品目錄〈三〉

地藏系列

D503 地藏三經（經文版）
(地藏菩薩本願經、大乘大集地藏十輪經、占察善惡業報經)

D511 占察善惡業報經行法 (占察拜懺本) (中摺本)

華嚴系列

H201 華嚴十地經論
H202 十住毘婆沙論
H207 大方廣佛華嚴經 (八十華嚴) (全套八冊)

般若系列

B402 小品般若經
B403A 大乘理趣六波羅蜜多經
B404A 能斷金剛經了義疏 (附心經頌釋)
B408 摩訶般若波羅蜜經 (中品般若) (全套三冊)

天台系列

T302 摩訶止觀
T303 無量義經 (中摺本)
T304 觀普賢菩薩行法經 (中摺本)

部派論典系列

S901A 阿毘達磨法蘊足論
Q704 阿毗達磨俱舍論 (全套二冊)
S903 法句經 (古譯本) (中摺本)

瑜伽唯識系列

U801 瑜伽師地論 (全套四冊)
U802A 大乘阿毗達磨集論
B803 成唯識論
B804A 大乘百法明門論解疏
B805 攝大乘論暨隨錄

憨山大師系列

HA01 楞嚴經通議 (全套二冊)

方廣文化出版品目錄〈四〉

密宗系列

M001 菩提道次第略論釋 (全套四冊)
M002 勝集密教王五次第論
M003 入中論釋
M004 大乘寶要義論(諸經要集)
M006 菩提道次第略論
M007 寂天菩薩全集
M008 菩提道次第廣論
M010 菩提道次第修法筆記
M011 白度母修法(延壽法門修法講解)
M012 中陰-死亡時刻的解脫
M018 菩提道次第廣論集註(卷一～卷十三)
M019 佛教的本質-《佛教哲學與大手印導引》

能海上師系列

N601 般若波羅蜜多教授現證莊嚴論名句頌解
N602 菩提道次第論科頌講記
N345 戒定慧基本三學
N606 能海上師傳
N607 現證莊嚴論清涼記
N608 菩提道次第心論

論頌系列

L101 四部論頌
(釋量論頌 現證莊嚴論頌 入中論頌 俱舍論頌)
L102 中觀論頌 (中摺本)
L103 入菩薩行論頌 (中摺本)
L104A 彌勒菩薩五部論頌
L105A 龍樹菩薩論頌集
L106 中觀論頌釋
R001 入中論頌 (小摺本)